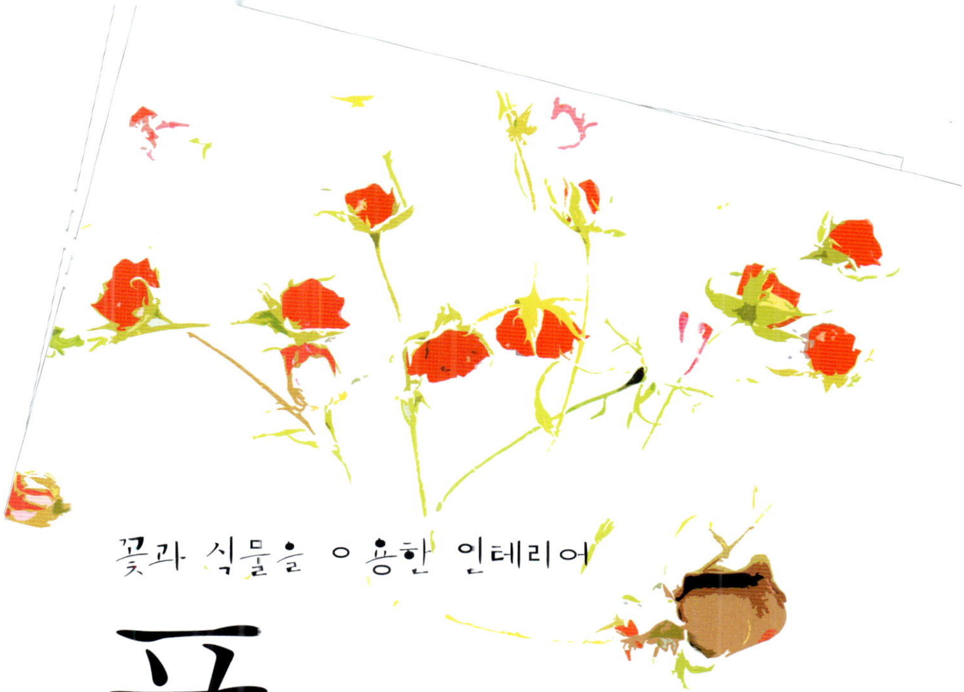

꽃과 식물을 이용한 인테리어

플라워 액티비티

Flower activity

김형득 · 황영숙 · 이혜진 공저

머리말

꽃이나 식물을 재료로 사용하는 원예활동은 개인과 공동체를 건강하게 가꾸는 역할을 한다. 사람들은 원예활동을 통해서 아름다움을 창조하는 경험을 하게 되고 성취감을 얻는다. 어린이들에게 원예활동은 육체적 놀이와 정신적, 사회적 발달을 통합적으로 유도하는 교육적 수단이 된다. 그리고 여럿이 어울려서 원예활동을 하면 다른 사람의 권리를 존중하는 것을 배우게 되고 서로가 사회의 한 구성원임을 확인하게 된다.

원예활동이 주는 선물을 얻기 위해서는 구체적인 활동이 필요하다. 씨앗을 뿌리고 물을 주고 가꾸는 것도 좋은 활동이다. 채소나 과일을 수확해서 요리하고 먹는 것도 재미있는 활동이다. 꽃이나 식물 또는 자연물을 이용해서 작품을 만들어보고 생활환경을 꾸며보는 것도 훌륭한 원예활동이다. 그러나 이런 활동을 한번 하고자 하면 무엇을 준비해야 되고 어떻게 즐겨야 하는지 어려울 때가 많다. 그래서 어렵게 느껴지는 원예활동을 누구나 어디서나 재미있고 쉽게 즐길 수 있도록 도움을 주고자 이 책을 만들었다.

이 책에서는 꽃 작품 만들기를 비롯한 여러 가지 원예활동의 방법을 간단한 글과 사진으로 소개하여 누구나 쉽고 재미있게 원예활동에 참여할 수 있도록 하였다. 여기에 실린 모든 활동은 저자들이 여러 가지 자료를 모으고 아이디어를 낸 것을 직접 실험하여 확인한 후에 실연을 하면서 사진과 글을 구성한 것이다. 쉽고 재미있게 따라할 수 있도록 생활 주변에서 간단하게 구할 수 있는 재료를 적극 활용하였다. 또한 책에 소개한 방법 외에도 이를 응용한 새로운 아이디어로 원예활동을 풍요롭고 다양하게 할 수 있도록 하였다. 여러 분야에서 원예 프로그램을 이끌고 있는 지도자와 원예를 즐기는 모든 사람들에게 이 책이 도움이 되기를 바란다.

김형득, 황영숙, 이혜진 씀

contents

자연과 원예활동에서 힘을 얻는 이유 ………………………… 8

01 작은 정원 꾸미기

식물 액자 ………………………………………… 12
아이비 토피어리 ………………………………… 14
이끼 토피어리 …………………………………… 16
와이어 바구니 사막 정원 ……………………… 18
운동화 정원 ……………………………………… 20
접시 정원 ………………………………………… 22
동그란 가을 정원 ………………………………… 24
참숯에 풍란 붙이기 ……………………………… 26
색돌에 심어 기르기 ……………………………… 28
유리병 테라리움 ………………………………… 30
잔디 인형 ………………………………………… 32
• 꽃향기 명상과 차 명상 ………………………… 34

02 맛과 멋

꽃케익 …………………………………………… 38
무궁화 화전 ……………………………………… 40
얼음 속의 꽃 ……………………………………… 42
허브 카나페 만들기 ……………………………… 44

03 아이디어 소품 장식

사과초 장식 ……………………………………… 48
생화로 만드는 리스 ……………………………… 50

아이스크림컵 꽃 장식 ………………………………… 52
크리스마스 리스 장식 ………………………………… 54
파라핀 꽃잎 발 ………………………………………… 56
화동용 부케 …………………………………………… 58
화분에 그림 그리기 …………………………………… 60
화분 풍경 ……………………………………………… 62
- 왜 초등학생들이 원예활동을 해야 하는가? ……… 64

04 꽃다발과 꽃바구니

무지개꽃 만들기 ………………………………………… 68
물주머니 꽃다발 ………………………………………… 70
카네이션 꽃바구니 만들기 …………………………… 72
어버이날 코사지 ……………………………………… 74
장미와 안개로 만드는 꽃다발 ………………………… 76
- 원예의 기쁨 …………………………………………… 78

05 여러 가지 길러보기

간편한 바구니 정원 …………………………………… 82
기와 위의 고사리 ……………………………………… 84
라벤더 꺾꽂이 ………………………………………… 86
사파니아 공중걸이분 만들기 ………………………… 88
둥근 기와 위의 고사리 ………………………………… 90
무순 기르기 …………………………………………… 92
상추 기르기 …………………………………………… 94

contents

    콩나물 기르기 ·· 96

06 말린 꽃 소품 만들기

    마른 꽃 만들기 ·· 100

    말린 꽃으로 액자 꾸미기 ·· 102

    시험관 꽃 말리기 ··· 104

    꽃잎 말리기 ·· 106

    누름꽃(압화) 열쇠고리 ·· 108

    누름꽃(압화) 카드 ·· 110

    누름꽃(압화) 책갈피 ··· 112

    • 어린이 원예활동 ·· 114

07 페트병에 길러보기

    페트병 테라리움 ·· 118

    페트병으로 걸이분 만들기 ······································ 120

    페트병에 심지로 물올리기 ······································ 122

    페트병 걸이화분 ·· 124

08 허브 즐기기

    허브 리스 만들기 ··· 128

    허브 정원 ·· 130

    허브 버터 만들기 ··· 132

    허브 비누 만들기 ··· 134

    허브 식초 만들기 ··· 136

허브 향기 포푸리 ·· 138
아로마 포푸리 ·· 140
알로에 로션 만들기 ······································ 142
• 어르신과 어린이가 함께 어울리는 공간 ············ 144
• 서로 잘 알게 됐어요 ·································· 147

09 물들이기(천연염색)

양배추로 염색하기 ······································· 150
양파껍질을 이용한 천연염색 ·························· 152
치자 물들이기 ·· 154
그물잎 만들기 ·· 156
그물잎 만들어 염색하기 ································ 158

10 조화와 포장

조화 리스 ·· 162
조화 코사지 ··· 164
바구니 포장 ··· 166
리본 접기 ·· 168
• 화초의 분갈이 ··· 174

자연과 원예활동에서 힘을 얻는 이유

● **벗어나기** *Being away*

일상의 스트레스가 많은 환경과는 사뭇 다른 환경을 접하게 되어 현실로부터 벗어난 느낌을 가지게 되고 창조적인 발상을 할 수 있게 된다.

● **확장** *Extent*

경계를 벗어나지 않고도 자연과 환경의 전체와 부분들을 서로 연결짓는 것을 말한다. 물리적인 크기에 제한되지 않고 개념적인 정의의 확장을 통하여 의식과 경험이 무한정 확대된다. 작은 텃밭 가꾸기, 접시 정원, 또는 테라리움 만들기 같은 활동을 통하여 무한한 우주와 자연을 경험할 수 있는 것이다.

● **매혹** *Fascination*

자연과 원예활동은 스트레스를 유발하는 작업과는 달리 무의식적인 집중을 유도하여 온갖 잡생각이 일어나는 것을 막아준다. 자연과 원예활동에 매혹되어 있는 동안 일에서 얻은 스트레스에서 회복된다.

● **조화로움** *Compatibility*

편안하고 조화로운 환경에서는 자신이 진정 원하는 일을 알 수 있게 되고 실현 가능한 구체적인 목표를 설정할 수 있게 된다.

- Steven Kaplan -

section 01 작은 정원 꾸미기

- 식물 액자
- 아이비 토피어리
- 이끼 토피어리
- 와이어 바구니 사막 정원
- 운동화 정원
- 접시 정원
- 동그란 가을 정원
- 참숯에 풍란 붙이기
- 색돌에 심어 기르기
- 유리병 테라리움
- 잔디 인형

식물 액자

🍀 어떻게 할까요?

1. 액자에서 틀만 분리하여 준비한다.
2. 액자 뒷면에 맞도록 헤고판을 톱으로 자른다.
3. 액자에 헤고판을 맞추고 글루건으로 틈새를 막아 액자와 헤고판을 붙인다.
4. 부직포를 액자 뒷면 크기에 맞도록 잘라서 글루건으로 헤고를 싸매듯이 붙인다.
5. 액자 앞면에 박쥐란 또는 크립탄서스와 콩짜개덩굴을 배치한다.
6. 식물을 헤고에 고정시킬 때는 U자 핀을 사용하거나 철사를 U자로 구부려 사용한다.
7. 식물 배치와 고정이 끝나면 스프레이로 충분히 물을 주면서 잎과 액자 주변도 씻어준다.

🌻 준비물

헤고, 액자틀, 박쥐란, 크립탄서스(Cryptanthus), 콩짜개덩굴, U자 핀, 부직포, 글루건

🌱 한 걸음 더

금속성의 액자틀에 불규칙하고 거친 잎을 가진 박쥐란을 붙이면 대비가 뚜렷하고 특이한 작품을 만들 수 있다. 이때 사용하는 헤고는 '시아데아'라는 열대지방의 거대한 고사리 줄기를 가공한 것으로 착생식물을 사용하여 걸이 작품을 만들 때 좋은 재료이다. 가끔씩 액자가 젖을 정도로 샤워하듯 물을 주는 것이 좋다.

아이비 토피어리

🍀 어떻게 할까요?

1. 화분 안에 느티나무를 고정할 수 있는 스티로폼이나 우레탄폼을 넣어준다.
2. 느티나무 가지 3개를 삼각 구도로 꽂아둔다.
3. 맨 위에 리스틀을 걸어 철사로 고정시킨다.
4. 줄기가 긴 아이비를 골라 심어준다.
5. 긴 줄기를 느티나무 가지와 포도 넝쿨 리스틀에 감아서 장식한다.
6. 초록색 이끼로 덮어서 장식 효과를 낸다.

🌼 준비물

아이비(또는 덩굴식물), 포도 넝쿨 리스틀, 화분, 스티로폼 또는 우레탄폼, 배양토, 페인트 칠한 느티나무 가지, 꽃철사, 청이끼

🌱 한 걸음 더

토피어리는 덩굴식물을 이용하여 원하는 형태를 만들거나 전정하여 동물 형상이나 상징물을 만드는 것을 말한다. 화분에 만드는 토피어리는 보통 포도 넝쿨이나 볼을 이용하여 고정하기 위한 나무를 지탱할 수 있기만 하면 어떤 나무를 이용해도 된다. 넝쿨을 감을 때는 한 방향으로 감는 것이 자연스럽다. 토피어리를 여러 개 만들어서 베란다에 길게 연출하면 싱그러운 정원이 될 수 있다.

 ➡  ➡

이끼 토피어리

🍀 어떻게 할까요?

1. 이끼를 30분 정도 물에 담갔다 꺼내 물기를 짜고 깨끗하게 손질한다.
2. 식물을 화분에서 꺼내 긴 뿌리는 가위로 잘라 손질한다.
3. 식물 심을 공간을 제외한 철사틀의 공간에 이끼를 꾹꾹 채워 넣는다.
4. 귀와 얼굴, 머리, 몸통, 다리 모양을 잡아 이끼를 단단히 뭉쳐 붙이며 낚시줄로 꽁꽁 감는다.
5. 식물을 심을 공간에 식물을 넣고 흙을 담아 눌러준다.
6. 이끼로 ⑤의 겉부분을 덮은 후 낚시줄로 다시 감는다.
7. 형태가 완성된 인형에 눈, 코, 입을 붙이고 리본으로 장식한다.
8. 인형 전체를 분무기로 둘을 뿌려 적셔주고, 식물을 심을 곳에는 물을 흠뻑 준다.

🌼 준비물

마른 이끼, 철사틀, 낚시줄, 식물(싱고니움), 인형 눈(코, 입), 리본

🌱 한 걸음 더

토피어리는 로마시대 정원을 관리하던 한 정원사가 자신이 만든 정원의 나무에 '가다듬는다'라는 뜻의 라틴어 이니셜 토피아(topia)를 새겨 넣는 데서 유래되었다. 자연 그대로의 식물을 인공적으로 다듬어 여러 가지 동물 모형으로 보기 좋게 만든 작품, 또는 인공적으로 다듬거나 자르는 기술(예술)을 일컫는다. 토피어리를 만들 때는 먼저 식물을 식재할 공간을 생각해두고 수태를 채워나가는 것이 좋다.

와이어 바구니 사막 정원

어떻게 할까요?

1. 굵은 분재 와이어를 스프레이 통에 감은 뒤 꺼낸다.
2. 스프링처럼 된 와이어를 조심스럽게 펴서 동그란 원이 되도록 양 끝을 함께 묶어 준다.
3. 6개의 굵은 와이어를 동그란 원 밑부분 너비만큼 자른 후 양 끝을 고리로 만든 다음 동그란 원 밑부분에 교차되게 걸어 바닥을 만들어 준다.
4. 굵은 와이어를 사용하여 자신이 원하는 모양으로 두 개의 바구니 손잡이를 만들어 양 옆에 가는 와이어를 이용하여 고정시켜 준다.
5. 코코넛 섬유를 바닥에 깔아준 후, 배양토를 바구니에 2/3 가량 넣고 자신이 원하는 곳에 다육식물을 심어 정원을 만든다.
6. 돌과 하이드로볼 또는 마사토를 이용하여 장식 효과를 내준다.

준비물

분재 와이어(굵은 것 3mm, 가는 것 1mm), 코코넛 섬유, 배합토, 다육식물, 돌, 하이드로볼 또는 마사토, 스프레이 통

 **한 걸음 더**

분재 와이어는 부드러워서 여러 가지 형태를 자유자재로 만들 수 있다. 와이어로 만든 화분에는 물이 많이 필요하지 않는 다육식물이 적당하다. 심을 때는 같은 종류끼리 모아서 심는 것이 좋으며 너무 많은 식물을 심는 것보다 어느 정도 공간을 확보하면 훨씬 안정적으로 보인다.

운동화 정원

어떻게 할까요?

1. 헌 운동화에 스프레이 페인트로 칠을 한다.
2. 페인트가 마르면 흙과 굵은 모래를 반반씩 섞어 운동화 속을 채운다.
3. 키가 작은 선인장과 다육식물을 예쁘게 배치해서 심는다.
4. 조약돌로 장식을 한다.
5. 햇빛이 잘 들고 따뜻한 창가에서 기른다.

준비물

헌 운동화, 흙, 장식용 조약돌, 굵은 모래, 스프레이 페인트, 작은 선인장과 다육식물

한 걸음 더

닳아서 버릴 때가 된 신발을 다시 칠을 하면 화분 대신으로 쓸 수 있다. 식물은 자랄 수 있는 조건만 갖추어지면 어떤 그릇이든 상관하지 않고 잘 자란다. 형 운동화와 동생 운동화를 같이 사용하여 크기를 다르게 하면 재미있다. 운동화 정원에 심는 식물은 잘 자라지 않는 선인장이나 다육식물이 좋다. 또 운동화 입구보다 높게 심으면 어색하므로 작은 식물을 선택하도록 한다. 알록달록한 운동화 정원을 베란다에 옹기종기 놓아두고 가끔씩 바라보면 마음의 여행을 떠날 수 있을 것이다.

접시 정원

🍀 어떻게 할까요?

1. 화분 받침에 맥반석을 깐 후 흙으로 약간 덮는다.
2. 화분에서 식물을 꺼내어 배치해 본다.
3. 식물을 하나씩 심으며 흙을 덮는다.
4. 큰 화분에 있는 식물과 작은 화분의 식물은 한두 종류는 같은 것으로 심어 통일감을 주면 잘 어울린다.
5. 넝쿨식물은 용기 밖으로 흘러내리듯이 심으면 자연스럽게 보인다.
6. 흙을 잘 덮고 식물을 고정한 후 돌을 깔아서 장식하고 물을 충분히 주어 마무리한다.

🌱 한 걸음 더

흙을 많이 사용할 수 없는 접시 정원이나 수경재배에 맥반석을 조금 깔아놓으면 정화작용을 한다. 접시 정원은 특별한 용기가 아니어도 화분 받침이나 깊이가 약간 있는 그릇도 좋은 용기가 될 수 있으며 식탁이나 거실 탁자에도 간단하게 장식할 수 있다. 접시 정원은 이동이 편리하여 연출하기에 좋으며 실내 습도 조절에도 좋다. 식물은 되도록 키가 작은 것이 좋으며 빨리 자라지 않는 식물이 관리하기에 편리하다. 물은 너무 많이 주지 않도록 하고 자주 스프레이를 해주는 것이 좋다. 장식돌은 물을 줄 때 흙이 밖으로 흐르지 않게 하는 역할을 하기도 한다.

🌼 준비물

화분 받침대(큰 것과 작은 것), 맥반석, 마삭줄, 석창포, 고사리 접란, 아이비, 색자갈

동그란 가을 정원

어떻게 할까요?

1. 폐타이어에 화사한 색깔의 수성페인트를 칠해서 말린다.
2. 화단을 만들 자리에 색칠한 타이어를 놓고 굵은 자갈로 배수층을 만든다.
3. 가을 정취가 나는 국화와 허브 등을 섞어서 아담하게 배치한다.
4. 흙을 채우고 물을 준다.
5. 허브와 국화가 잘 자라면 적당한 시기에 잘라서 말려 포푸리 재료로 쓴다.

준비물

폐타이어 몇 개, 수성페인트와 붓, 배수용 자갈, 국화, 허브식물(라벤더, 로즈마리 등)

한 걸음 더

폐타이어는 타이어 가게나 폐차장에서 손쉽게 구할 수 있다. 시커먼 타이어에 알록달록한 색의 페인트를 칠해 배열해 놓으면 멋진 정원을 연출할 수 있다. 식물을 심을 때에는 타이어 밑에 굵은 자갈이나 그물망을 깔아 배수층을 확보한다.

참숯에 풍란 붙이기

어떻게 할까요?

1. 바구니에 비닐을 깔아 물이 새지 않게 한다.
2. 바구니에 참숯을 넣고 바크로 고정시킨다.
3. 풍란 뿌리를 물로 깨끗이 씻는다.
4. 참숯에 풍란을 배치하고 고정시킨다.
5. 콩짜개덩굴을 마치 그 자리에서 자란 것처럼 자연스럽게 앞면과 뒷면에 붙인다.
6. 스프레이로 물을 주어 마무리한다.

준비물

참숯, 풍란, 콩짜개덩굴, 바크, 바구니, 철사

한 걸음 더

동양적인 이미지를 가지는 숯부작은 간아하면서 보는 이의 마음을 정갈하게 한다. 또한 숯은 건강에 도움이 되는 작용을 하는 것으로 알려져서 활용도가 높아지고 있다. 숯 표면이 하얗게 된 것은 오래된 것이므로 좋지 않으며, 숯은 물에 담가서 깨끗이 씻은 후에 이용한다. 숯은 자연스러운 소재이므로 특별한 장식이 없어도 잘 어울리지만 바구니를 장식하면 정성이 돋보이는 선물이 된다.

색돌에 심어 기르기

🍀 어떻게 할까요?

1. 식물을 화분에서 빼낸 뒤 뿌리를 깨끗이 씻는다.
2. 흰 색돌을 유리컵 안에 1/5 가량 깔아준다.
3. 한 손으로 식물을 잡아 쓰러지지 않도록 유리컵 안에 넣은 뒤 여러 가지 색의 돌을 모양을 내가면서 채워준다.
4. 모양을 낼 때는 긴 스푼을 사용하여 장식하여 준다.
5. 물이 넘치지 않도록 조심스레 넣는다.

준비물

식물(코르딜리네), 유리컵, 색돌(흰색, 녹색, 청록색 등), 긴 스푼

🌱 한 걸음 더

시원해 보이고 깨끗하여 집안에서 키우기 좋은 작품이다. 색돌을 자유스럽게 넣어 나만의 작품을 만들 수 있다. 너무 많은 종류의 색돌을 사용하면 정신이 없으므로 2~3가지가 적당하며 그 중에 한 색으로 악센트를 준다. 각각의 색돌 두께를 다르게 해야 재미있는 장식이 된다. 물을 줄 때는 맨 위까지 물이 올라오지 않게 해야 투명용기에 때가 끼지 않는다.

유리병 테라리움

🍀 어떻게 할까요?

1. 종이 위에 식물 배치도를 그린다
2. 식물이 놓일 공간과 비슷한 크기로 종이를 오려 식물을 놓거나 빼면서 배치를 결정한다.
3. 숯을 바닥에 깔아 배수층을 만들고 그 위에 마사토를 깐다.
4. 유리병에 넣을 식물의 뿌리에 붙은 흙을 적당히 털어 낸다.
5. 생각한 대로 식물을 심고, 식물 부근에 버미큐라이트를 채운다 (모든 방향에서 보려면 키가 가장 큰 식물을 가운데에 배치하고, 한 면에서만 보려면 키가 큰 식물을 뒤에 배치한다).
6. 정원 느낌이 나게 빈 공간을 이끼나 색모래, 자갈로 꾸민다.
7. 직사광선이 들지 않는 밝은 창가나 실내에 둔다.
8. 물은 흙이 약간 마르면 흙을 골고루 적실 정도만 준다.

🌸 준비물

유리 용기(어항, 브랜디 술잔 등), 키 작은 식물, 숯, 마사토, 버미큐라이트(질석), 이끼, 색모래, 설계용 종이와 펜

🌱 한 걸음 더

테라리움은 '유리 용기 안의 작은 정원'이란 뜻에서 유래된 것으로, 밀봉된 유리 용기 속에서도 적당한 빛만 있으면 물과 산소가 순환되어 성장이 가능한 원리를 이용한 작은 정원이다. 테라리움 용기가 깊은 경우 식물을 심을 때에는 긴 수저를 이용하여 흙을 파고 핀셋을 이용하여 식물을 심으면 훨씬 수월하게 작업할 수 있다.

잔디 인형

🍀 어떻게 할까요?

1. 잔디 씨를 물에 2시간 정도 담가둔다.
2. 스타킹을 벌려 아래 부분에 잔디 씨가 골고루 들어가도록 넣는다.
3. 원하는 인형의 얼굴 크기가 되도록 질석의 양을 조절해서 넣는다.
4. 잔디 씨가 들어간 부분을 위로 향하게 한 후 그 부분을 제외한 나머지 부분을 장식품으로 꾸민다.
5. 장식품을 고정시킬 때에는 글루건을 사용한다(만능 본드를 사용할 경우 잔디 인형이 물에 닿으면 장식품이 떨어질 수 있다).
6. 장식이 마무리되면 질석이 물에 흥건히 젖을 수 있도록 잔디 인형을 통째로 1~2분간 물에 담가둔다.
7. 잔디 인형을 꺼내 컵에 올려놓는다.
8. 스타킹 심지가 물에 닿도록 컵 안에 물을 넣는다.

🌼 준비물

스타킹, 버미큐라이트(질석), 잔디 씨, 인형 눈(단추), 컵, 뿅뿅이(솜방울), 기타 장식품, 글루건

🌱 한 걸음 더

잔디 인형을 창가에 두면 싹이 제법 길고 튼튼하게 자라므로 여러 가지로 헤어스타일을 연출해 보면 재미있다. 여럿이 헤어스타일 콘테스트를 해보면 어떨까?

꽃향기 명상과 차 명상

● **꽃향기 명상**

① 자리를 잡고 반가부좌를 하고 조용히 앉는다.
② 손바닥을 하늘 방향으로 하고 손을 무릎 위에 살며시 내려놓는다.
③ 허리를 똑바로 펴고 어깨 힘을 뺀다.
④ 턱을 살며시 당기고 눈도 살며시 내려 감는다.
⑤ 혀를 말아서 입 천정에 살며시 닿게 한다.
⑥ 이제 자신이 한송이 꽃봉오리가 되었다고 생각한다.
⑦ 꽃봉오리가 아침 햇살을 받아 피어나듯이 아주 천천히 팔을 들어올린다.
⑧ 따뜻한 햇빛과 간지럽고 기분 좋은 산들바람을 맞으며 피어나는 꽃송이를 연상하면서 팔을 더 높이 더 넓게 펼쳐본다.
⑨ 활짝 핀 꽃송이가 되어서 바람에 향기를 날려 보낸다고 생각한다.
⑩ 내 꽃향기가 나와 다른 사람의 숨 속으로 들어가 나와 사람들을 행복하게 만든다고 상상한다.
⑪ 꽃송이가 닫히듯이 아주 천천히 팔을 내려서 무릎 위에 다시 내려놓는다.
⑫ 온몸에 가득한 꽃향기가 몸 구석구석에 있는 부정적인 기운을 정화한다고 상상한다.
⑬ 향기로운 꽃향기의 여운이 온몸에 충만되게 한다.
⑭ 두세번 천천히 깊게 숨을 내쉬면서 마무리한다.

● **차 명상**

① 차 재료를 준비하는 동안 동작 하나마다 정성을 기울이면서 일상에서 잠시 벗어날 마음의 준비를 한다.
② 차를 타면서 차가 자라고 있는 지역(원산지)을 상상해 본다(따뜻한 햇빛과 상큼한 바람, 시원한 들판, 아름다운 산간 지방 등의 이국적이고 기분 좋은 분위기를 상상으로 느껴 본다).
③ 차를 마시면서 차가 자란 지방의 좋은 기운(앞에서 상상한 좋은 느낌)이 몸속으로 들어온다고 상상한다.
④ 차의 향기가 맛이 좋은 기운과 더불어 몸 속 구석구석까지 퍼져가는 것을 느낀다.
⑤ 세포 하나하나가 차의 향기로 정화되고 활력이 생긴다고 상상한다.
⑥ 숨을 깊게 내쉬면서 명상을 끝낸다.

산책을 하면서 만나게 되는 느낌에 집중해 보거나 개울가에서 물소리를 가슴으로 들으면서 부정적 감정을 씻어내는 것도 명상이다. 음악을 들으면서도 아름다운 선율의 진동을 온몸의 세포에 저장하여 부정적 에너지를 씻어낼 수 있다. 여러 가지 방법으로 생활 속에서 명상을 실천하여 새로운 느낌과 에너지를 얻을 수 있다.

section 02 맛과 멋

- 꽃케익
- 무궁화 화전
- 얼음 속의 꽃
- 허브 카나페 만들기

꽃케익

🍀 어떻게 할까요?

1. 플로랄폼을 케익 모양의 삼각형으로 자른다(케익의 절단 정도 높이).
2. 플로랄폼을 물에 적셔 알루미늄 호일로 바닥을 감싼다.
3. 소국을 플로랄폼에 색깔별로 꽃얼굴이 비슷한 높이가 되도록 꽂는다.
4. 케익과 꽃꽂이한 플로랄폼을 교대로 둥근 원판 위에 놓는다.
5. 꽃잎으로 케익 주변을 장식해도 좋다.

🌸 준비물

플로랄폼, 알루미늄 호일, 조각 케익, 소국(여러 가지 색)

🌱 한 걸음 더

완성된 꽃케익 조각의 높이가 비슷해야 예쁘다. 사용하는 꽃은 되도록 잔잔하고 작은 꽃이 좋으며 옆부분의 플로랄폼이 보이지 않게 주의하여 꽂는다. 꽃케익과 케익 조각을 세팅할 때는 하나씩 놓는 것보다 케익 두 개에 꽃케익 하나, 또는 반대로 연출하면 더욱 예쁘다. 햇살 빛나는 오후 차 한잔과 함께 아름다운 날을 더욱 아름답게~~

무궁화 화전

어떻게 할까요?

1. 무궁화의 꽃술을 떼고 물에 깨끗이 씻어 물기를 닦아 둔다.
2. 무궁화 꽃잎을 적당한 크기로 자른다.
3. 맵쌀과 찹쌀을 3:1로 섞은 뒤 소금을 넣고 물에 익반죽한다.
4. 반죽을 밤알 크기만큼 떼어 내어 직경 5cm 정도로 동글납작하게 빚는다.
5. 프라이팬에 기름을 두른 후 반죽을 놓고 누르면서 지진다.
6. 완성된 무궁화 화전에 꿀을 묻혀 낸다.
8. 대추와 쑥으로 모양을 내기도 한다.

준비물

무궁화 꽃잎, 찹쌀, 맵쌀, 소금, 식용유, 꿀, 버너, 프라이팬, 수저

한 걸음 더

무궁화, 진달래, 국화와 같은 여러 가지 꽃을 사용하여 화전을 부칠 수 있다. 화전 반죽은 많이 주물러야 떡의 몸이 곱고, 반죽에 미리 꽃을 붙여서 모양을 내면 좀 더 자연스럽다.

얼음 속의 꽃

🍀 어떻게 할까요?

1. 미니장미의 목 부분을 따서 깨끗이 씻는다.
2. 얼음 얼리는 틀에 물을 약 1/3 가량 넣는다.
3. 미니장미를 틀 안에 넣는다(잎을 하나하나 따서 넣어도 좋다).
4. 물을 가득 넣은 뒤 냉동실에서 얼린다.
5. 약 하루 동안 얼린 뒤 꺼내어 차나 음식에 넣어 장식 효과를 낸다.

🌼 준비물

얼음 얼리는 틀, 미니장미

🌱 한 걸음 더

얼음을 얼리기 전 조금의 시간만 투자하면 멋진 분위기를 연출하며 시원한 음료나 음식을 마련할 수 있다. 투명하고 반짝이는 얼음꽃을 사용하여 만든 음식을 즐기는 경험은 매우 특별할 것이다. 얼음을 얼릴 때 사용하는 꽃은 식용꽃을 사용하는 것이 안전하다. 식용꽃은 냉장고에 넣어 보관하면 오래두고 먹을 수 있다.

허브 카나페 만들기

🍀 어떻게 할까요?

1. 허브 잎을 흐르는 물에 씻는다.
2. 딸기와 키위, 치즈를 비스킷 크기에 맞게 잘라 놓는다(약간 작게 잘라도 된다).
3. 자신의 취향에 맞게 허브를 여러 스타일로 장식한다.
4. 입안 가득 허브 향을 음미하면서 시식한다.

🌼 준비물

허브 잎(파인애플세이지, 로즈마리 등), 비스킷, 치즈, 딸기, 키위, 칼, 접시

한 걸음 더

단순한 크래커와 식빵에 여러 가지 계절 과일을 사용하거나 햄을 이용하면 다양한 카나페가 완성된다. 아이들 간식이나 생일 파티용으로 엄마와 함께 만들어 보면 아이들과 좋은 시간이 될 것이다. 그리고 작은 상자에 담아서 선물을 한다면 사랑과 허브의 향기가 더욱 멀리 퍼질 수 있을 것이다. 향기로운 허브를 곁들인 카나페와 따뜻한 차 한 잔, 그리고 친구나 가족들과 함께 한다면 더욱 향기롭고 아름다운 시간이 되지 않을까?

 ➡  ➡

section 03 아이디어 소품 장식

- 사과초 장식
- 생화로 만드는 리스
- 아이스크림컵 꽃 장식
- 크리스마스 리스 장식
- 파라핀 꽃잎 발
- 화동용 부케
- 화분에 그림 그리기
- 화분 풍경

사과초 장식

🍀 어떻게 할까요?

① 두 개의 사과 윗부분에 꽃 장식을 할 만큼 구멍을 낸다.
② 사과 한 개에 양초를 꽂을 만큼의 구멍을 내어 초를 꽂는다.
③ 구멍을 낸 사과 윗부분을 측백 잎, 산호수 열매, 쉐프렐라 잎을 이용하여 꾸민다.
④ 양초를 꽂은 주변을 회양목 가지로 꾸민다.
⑤ 바닥에도 산호수 가지를 놓고 배치를 한다.

🌼 준비물

사과, 황금 측백, 산호수, 쉐프렐라 잎, 회양목 가지, 양초

🌱 한 걸음 더

사과, 귤, 레몬 등과 같이 과일을 이용한 꽃 장식은 보는 이의 시선을 멈추게 한다. 특히 과일 촛대 장식물은 싱그럽고 상큼한 느낌을 주며 식욕도 돋운다. 분위기에 따라서 과일 촛대 주변에 꽃잎이나 이파리를 뿌려놓으면 로맨틱한 느낌도 만들 수 있다. 과일은 수분이 있으므로 장식물에 따로 물을 주지 않아도 된다.

생화로 만드는 리스

어떻게 할까요?

1. 원형 리스틀을 물에 담가둔다.
2. 리스틀에 물이 오르면 꺼낸 뒤 갯국을 리스틀에 적당한 간격으로 꽂아둔다.
3. 흰 장미를 리스틀에 5~7cm 정도로 잘라 돌아가며 꽂아둔다.
4. 노란 장미를 흰 장미 사이사이에 꽂아둔다.
5. 국화를 장미 사이사이에 꽂아둔다.
6. 솔리다고를 리스틀이 보이지 않도록 빈 공간 사이사이에 꽂아서 마무리한다.
7. 벽이나 문에 걸어 장식한다.

준비물

원형 리스틀, 흰 장미, 느란 장미, 솔리다고, 갯국, 소국, 전정가우

한 걸음 더

리스틀이 없을 경우 플로랄폼을 조각내어 기본 리스틀을 만들어 사용해도 된다. 이파리 종류를 먼저 꽂고 제일 포인트가 되는 큰 꽃의 얼굴이 한 곳으로 향하지 않게 꽂는 것이 자연스럽다. 재료를 선택할 때 큰 꽃, 중간 크기의 꽃, 작은 꽃을 함께 사용해야 예쁘다. 비슷한 색상을 가진 꽃을 사용하면 편안하나 가급적 악센트가 되는 색이 있도록 한다. 소재의 키높이 차이가 많이 나지 않도록 하는 것이 모양이 예쁘다.

아이스크림컵 꽃 장식

🍀 어떻게 할까요?

① 아이스크림컵 두 개를 겹쳐 놓는다.
② 여러 가지 색 가루 플로랄폼을 가지고 컵에 모양을 내어 장식한다.
③ 스프레이 분무기를 사용하여 플르랄폼에 물을 뿌려준다.
④ 위에 있는 컵에 장미를 짧게 잘라 꾸민다.
⑤ 장미 사이사이에 유칼립투스로 장식한다.
⑥ 아래 컵에 찔레 열매를 꽂아 장식한다.

🌸 준비물

아이스크림컵 두 개, 가루 플로랄폼(여러 가지 색), 장미 3~4송이, 우칼립투스, 찔레 열매

🌱 한 걸음 더

가루로 된 컬러 플로랄폼은 투명한 용기에 사용하면 색이 잘 보이고 아름다우며 여러 가지 색상을 자유롭게 사용할 수 있다. 와인잔과 같은 조금 높은 용기를 층으로 쌓아 이용하면 재미있는 작품이 완성된다. 플로랄폼을 가리지 않아도 되므로 사용하기에 편리하나 꽃을 지지하고 고정하는 힘이 약하므로 가벼운 식물 재료를 사용하는 것이 좋다. 가루 플르랄폼은 매우 가벼우므로 바람에 날리는 것을 조심해야 하며 물은 꼭 스프레이 분무기를 이용하여 완전히 흡수되게 한다.

크리스마스 리스 장식

🍀 어떻게 할까요?

① 플로랄폼을 물에 담가둔다.
② 플로랄폼의 모서리를 칼로 잘라서 둥그렇게 한다.
③ 편백을 적당한 크기로 잘라 플로랄폼을 둘러가며 꽂아둔다.
④ 편백 사이사이에 장미와 국화를 이용하여 채워준다.
⑤ 장식용 방울을 중간중간에 꽂아 둠으로써 크리스마스 분위기를 연출한다.
⑥ 플로랄폼 중앙에 초를 꽂아 마무리한다.

🌼 준비물

원형 플로랄폼, 편백, 빨강 장미, 국화, 크리스마스 장식용 방울, 초

🌱 한 걸음 더

리스는 행운을 가져다준다는 의미를 가지고 있다. 크리스마스뿐만 아니라 기념일이나 테이블 장식에도 색상을 다르게 하여 널리 사용할 수 있다. 리스는 옆과 안쪽도 장식해야 둥그렇게 보이며 잎 재료와 꽃을 적당히 섞어 사용하면 싱그럽게 보인다. 때로는 꽃만을 이용하거나 잎 소재만을 이용하여 만들기도 하며 마른 소재, 나뭇가지, 열매 등을 이용하면 가을에 잘 어울리는 리스를 만들 수 있다. 리스 주변에 초를 여러 개 장식하면 더욱 풍성해진다.

파라핀 꽃잎 발

어떻게 할까요?

1. 파라핀 포트에 파라핀을 녹인다.
2. 몇 가지의 꽃잎은 풀로 한지에 붙여서 장식 효과를 낸다.
3. 준비된 꽃잎이나 나뭇잎을 핀셋으로 집어 파라핀에 살짝 담갔다가 꺼낸다.
4. 굳어진 꽃잎들의 끝부분을 카파 와이어로 엮어 이어준다.
5. 여러 가지 줄을 만들어 창가 등에 걸어준다.

준비물

왁스(파라핀) 포트, 식물 잎(포인세티아, 장미, 아이비, 쉐프렐라), 한지, 풀, 핀셋, 카파 와이어(가는 색철사)

한 걸음 더

파라핀으로 꽃잎을 코팅하면 자연스런 색이 오래 유지되고 형태가 고정되어 여러 가지 장식에 사용하기에 좋다. 특히 파라핀으로 코팅한 꽃잎으로 어린 아기에게 예쁜 꽃잎 모빌을 만들어 주면 좋을 것이다.

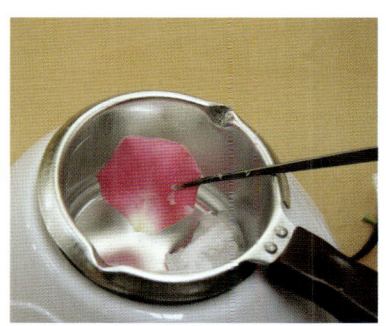

화동용 부케

🍀 어떻게 할까요?

① 부케 홀더를 물에 담가 물을 올린다.
② 장미 줄기의 길이를 5cm 가량 잘라준다.
③ 자를 땐 꽂기 좋게 사선으로 자른다.
④ 틀에 물이 다 오르면 틀의 정중앙에 먼저 장미를 꽂는다.
⑤ 중앙을 중심으로 사이사이에 장미를 꽂아 기준을 만들어 준다.
⑥ 기준을 중심으로 장미를 꽂는다.
⑦ 부케 홀더 손잡이에 카스바를 달아 마무리한다.

🌼 준비물

부케 홀더, 꽃가위, 장미, 카스바(레이스)

🌱 한 걸음 더

화동용 부케는 선물용으로도 좋은 아이템이 될 수 있다. 홀더는 재료상에서 구할 수 있으며 꽃의 색상을 바꾼다면 신부 부케로도 손색이 없다. 중심에 제일 예쁘고 많이 핀 꽃을 꽂고 그 다음에 십자 모양으로 네 곳에 90도 각도로 조금 덜 핀 꽃을 꽂는다. 줄기의 길이는 대개 엄지손가락 길이 정도가 좋다. 반구를 만든다고 생각하면 되는데 단, 중심 꽃과 네 곳에 꽂은 사이의 꽃은 조금 길게 꽂아야 예쁜 반구 형태가 된다. 생일이나 기념일에 간편한 선물이 될 수 있으며 유리컵에 올려놓으면 좋은 장식이 된다. 장미뿐만 아니라 소국이나 카네이션 등 여러 가지 꽃을 이용할 수 있다.

화분에 그림 그리기

어떻게 할까요?
1. 화분과 원하는 색의 아크릴 물감을 준비한다.
2. 화분에 그릴 그림을 구상한다.
3. 아크릴 물감으로 화분을 꾸민다.
4. 화분 받침도 함께 꾸미면 좋다.

준비물
플라스틱 화분 또는 토분, 아크릴 물감, 붓

한 걸음 더
흔히 볼 수 있는 화분도 훌륭한 그림 바탕이 된다. 아크릴 물감을 사용해서 화분을 꾸미면 물에 지워지지 않는다. 화분에 그림을 그려보면서 자신의 예술성을 마음껏 발휘해 볼 수 있다. 굳이 식물을 심지 않더라도 서너 개를 비슷한 테마로 그린 후 장식용으로도 이용할 수 있다.

화분 풍경

🍀 어떻게 할까요?

① 지끈을 화분 속으로 통과시키고 끈이 빠지지 않게 작은 나뭇가지를 화분 안쪽 줄에 매단다.
② 화분 바깥쪽 바닥에는 조금 긴 나뭇가지를 매달아 고정한다.
③ 화분 입구쪽 지끈에 자갈을 매달아 화분을 때리면 소리가 나게 한다.
④ 나뭇가지와 지끈에 자갈이나 찔레 열매로 더 장식을 한다.
⑤ 창가에 매달아두고 모양과 소리를 즐긴다.

🌼 준비물

고밀도 점토 화분, 지끈, 자갈돌, 나뭇가지, 찔레 열매

🌱 한 걸음 더

점토 화분은 두드리면 소리가 청명하다. 토분과 잘 어울리는 돌멩이와 나뭇가지, 그리고 찔레 열매는 전원을 연상하게 하며 편안한 휴식을 느끼게 한다. 창가에 걸어주면 여행을 온 것 같은 설레는 맘이 들 것 같다. 토분을 조화나 아크릴 물감으로 장식하여 사용할 수도 있고 토분의 크기를 달리하여 이용하면 움직임이 느껴져 더욱 생동감 있게 보일 수 있다.

 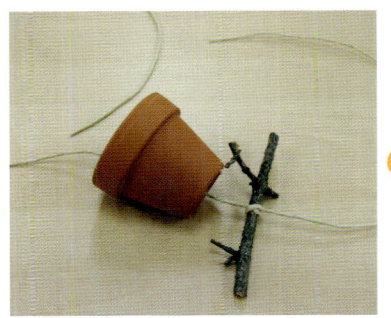 

왜 초등학생들이 원예활동을 해야 하는가?

사람의 일상적인 삶은 크게 일의 영역과 사랑의 영역으로 구분된다. 개인의 삶이 성공적이려면 이 두 가지 요소가 균형과 조화를 이루어야 한다. 일의 영역은 지적인 능력이 더 우선되는 영역이고 사랑의 영역은 정서적인 능력이 우선되는 영역이다. 이러한 지적인 능력과 정서적인 능력이 삶의 모든 측면에서 조화되는 것이 건강과 행복의 근본 원칙이라 할 수 있다.

정서에 대한 주요 기술들은 어린 시절에 배우는 것이 결정적인데, 이 시기에 정서를 다루는 두뇌가 어떤 것을 배우면 사라지지 않기 때문이다. 그리고 아동들은 초등학교를 끝마치기 전에 편도체의 반응이 충분히 형성되지만 대뇌 변연계의 충동을 다스리는 전두엽체는 청년이 될 때까지 성장한다. 그러므로 나이가 들어가면서 익힌 기술이나 습관을 통하여 아동들은 자신의 감정을 조절하고, 감정의 열기를 식히며, 부정적인 행동을 긍정적인 것으로 바꾸는 것을 배울 수 있게 되는 것이다. 그리고 대뇌 편도체의 상대적인 활성화 정도에 따라서 아동들은 어떤 기질을 미리 가지고 있을 수도 있지만 이러한 선천적인 정서의 특성도 적절한 경험을 하게 되면 좋아질 수 있다. 또한 초기의 정서 학습에서 신경세포의 연결은 몇 시간 혹은 며칠 만에 형성이 될 정도로 매우 빠르다. Goleman의 말에 따르면 "경험, 특히 어린 시절의 경험은 뇌에 새겨지게 된다."고 한다. 따라서 어린이들에 대한 경험적 정서 교육의 필요성은 매우 크다고 할 수 있다.

지금 초등학교에서는 방과 후 아동 보호와 교육을 목적으로 하는 다양한 내용의 방과 후 프로그램이 개발되고 있는데, 정규교육과정과 비교하여 인지적인 면보다는 가정과 학교의 연장선 상에서 아동의 사회·정서적인 면에 집중되어야 함이 강조되고 있다. 이런 관점에서 보면 어린이의 정서 발달을 위한 경험적 학습 수단으로서 원예활동은 아주 유용하게 활용될 수 있다. 왜냐하면 원예활

동은 식물과 자연을 통한 체험적 활동을 중심으로 하는 것이기 때문이다. 특히 원예는 생명이라는 말로 대체되는데, 이것은 아주 중요한 의미를 가지고 있다. 식물은 보살픔이나 무관심에 대해서 직접적으로 반응하는데, 이러한 피드백은 올바른 행동을 촉진하고 자기가치감을 증가시킨다. 그리고 자아 존중감 향상에는 능력감, 소손감, 가치감, 통저력, 독립심, 책임감, 그리고 존중감 등이 영향을 주는데, 원예 프로그램에서는 이러한 요소들을 충족시키는 다양한 활동이 가능하다. 따라서 초등학교 어린이들을 대상으로 하는 원예 프로그램은 어린이

들의 정서 및 행동 발달을 위한 훌륭한 체험적 수단이므로 앞으로 더욱 체계적으로 발전시켜야 할 것이다.

section
04 꽃다발과 꽃바구니

- 쿠지개꽃 만들기
- 물주머니 꽃다발
- 카네이션 꽃바구니 만들기
- 어버이날 코사지
- 장미와 안개로 만드는 꽃다발

무지개꽃 만들기

어떻게 할까요?

1. 흰 장미의 가시와 꽃잎을 제거한 뒤 적당한 길이로 자른다.
2. 다듬어진 장미를 절화염색제에 2~3송이씩 담가둔다.
3. 약 30분~1시간 정도 햇볕이 잘 드는 창가에 놓아둔다.
4. 장미가 염색되는 동안 플로랄폼에 물을 올려 화분 크기에 맞게 자른 뒤 화분 안에 넣어준다.
5. 염색이 된 장미를 꺼낸 뒤 가장 얼굴이 예쁜 장미를 화분의 가운데에 꽂는다.
6. 나머지 장미를 중심꽃 주변으로 돔 모양이 되도록 꽂아준다.
7. 장미 사이사이에 갯국을 꽂아 마무리한다.

준비물

흰 장미, 갯국, 절화염색제 (노랑, 보라, 녹색, 파랑), 꽃가위, 장식용 화분, 플로랄폼

한 걸음 더

무지개꽃을 찾아 여행하는 요정의 모험담을 그린 만화가 있었는데, 정말로 무지개꽃이 있으면 얼마나 좋을까 생각해 본다. 절화염색제를 사용하면 무지개 색처럼 여러 가지 색깔의 꽃을 만들 수 있어 모두 신기해 할 것 같다. 흰색의 꽃으로 무지개 꽃바구니를 만들어 꿈을 그려보면 꿈이 이루어지지 않을까?

물주머니 꽃다발

🍀 어떻게 할까요?

1. 안개와 장미를 꽃다발로 묶는다.
2. 꽃다발을 세워서 비닐 중앙에 놓고 비닐의 귀퉁이 네 곳을 모아 잡은 후 물을 담아 묶는다.
3. 색상이 다른 포장지를 높이를 다르게 하여 꽃다발을 감싼다.
4. 리본으로 장식하고 테이블에 올려놓는다.

🌼 준비물

꽃 포장용 비닐, 안개꽃, 장미, 포장지, 리본

🌱 한 걸음 더

꽃병이 필요 없으므로 선물용으로 편리하며 특히 병원을 방문할 때 좋은 아이디어이다. 만들 때 주의할 점은 물은 줄기가 담길 수 있을 정도로 채우는 것이다. 물이 너무 많으면 샐 염려가 있고 무거워서 비닐봉지가 빠져버릴 수가 있으므로 단단히 묶어야 한다. 이동할 때는 물주머니를 받치듯이 가지고 다니며 물을 보충할 경우에는 중심 부분에 조금씩 부어준다. 바구니처럼 플로랄폼을 이용한 경우보다 생명을 오래 유지할 수 있고 시들어서 버릴 때도 부피가 작아 효과적이다.

카네이션 꽃바구니 만들기

어떻게 할까요?

1. 꽃바구니 손잡이에 리본을 감아 장식 효과를 내준다.
2. 꽃바구니 양쪽에 리본을 달아준다.
3. 플로랄폼을 물에 담갔다가 바구니에 들어갈 크기로 자른 뒤 바구니 안에 넣는다(폼이 움직이지 않게 고정시킨다).
4. 플로랄폼 가장자리를 안개꽃을 이용하여 낮게 꽂아둔다.
5. 플로랄폼 중심에 카네이션을 손잡이보다 낮게 꽂아둔다.
6. 중심의 카네이션을 기준으로 돔 모양으로 카네이션을 꽂아둔다.

준비물

꽃바구니, 플로랄폼, 리본, 안개꽃, 카네이션, 꽃가위

한 걸음 더

안개꽃은 잘 피어있는 것을 선택하도록 한다. 봉우리는 잘 펴지 않을 경우가 많으므로 주의한다. 안개꽃을 잘 다듬어 키를 맞춰 뭉게구름처럼 뭉쳐서 꽂아야 지저분해 보이지 않는다. 안개꽃 대신 미스티블루나 솔리다고를 이용할 수 있다. 빨간색 카네이션이 가장 많이 사용되고 있으나 근래에는 여러 가지 색깔의 카네이션이 나와 있어서 이것을 사용해도 된다. 감사의 마음을 다양한 색으로도 표현할 수 있다.

어버이날 코사지

어떻게 할까요?

1. 꽃철사를 U자로 만들어 아이비 앞면의 중앙을 통과시킨다(3잎 모두).
2. 꽃철사 부분을 플로랄 테이프로 감는다(플로랄 테이프는 당기면서 감아야 접착이 잘된다).
3. 카네이션 줄기를 10cm 정도 자른 뒤 카네이션 목 부분에 철사를 낀다.
4. 꽃철사와 줄기를 플로랄 테이프로 감아준다.
5. 카네이션과 아이비를 잘 배치시킨 후 중간중간에 안개꽃을 넣어 모양을 잡는다.
6. 여분의 꽃철사를 잘라 내고 남은 꽃 철사는 깔끔하게 플로랄 테이프로 감싼 후 중앙에 리본을 달아 장식한다.

준비물

아이비 2~3잎, 안개꽃, 카네이션 2~3송이, 꽃철사, 전정가위, 플로랄 테이프, 리본

한 걸음 더

코사지는 최대한 가벼워야 하므로 얼굴에 너무 큰 꽃은 사용하지 않도록 한다. 꽃재료는 상처가 나지 않고 적당히 핀 것이 좋다. 철사를 사용하므로 줄기의 두께나 무게에 따라서 와이어의 굵기가 다른 것을 사용한다. 철사 두께는 테이핑해서 들었을 경우 처지지 않을 정도의 강도가 있는 것이 적당하다. 철사는 #18, #20, #22, #24, #26과 같이 두께에 따라서 번호가 있으며 번호가 클수록 가는 철사이다

장미와 안개로 만드는 꽃다발

어떻게 할까요?

1. 장미의 가시와 잎을 다듬고 안개는 가지를 나누어 키를 맞추어 놓는다.
2. 장미의 줄기를 한쪽 방향으로 배열한 뒤 사이사이에 안개꽃을 넣어준 후 꽃철사로 꽃다발을 고정시킨다.
3. 두 가지 색 포장지를 겹쳐놓은 뒤 윗부분을 약 5cm 정도 접는다.
4. 꽃다발을 포장지 위에 놓은 뒤 꽃다발을 감싸듯 둘러싼다.
5. 리본을 이용해 장식한다.
6. 포장지가 만나는 부분도 리본과 잎사귀를 양면테이프로 붙여서 포인트를 준다.
7. 포장지 밖으로 튀어나온 줄기를 가지런히 자른다.

준비물

장미, 안개꽃, 꽃철사, 꽃가위, 포장지, 리본, 양면테이프

한 걸음 더

꽃다발을 만들 때는 줄기가 한쪽 방향으로 돌아가야 꽃이 편안하게 자리를 잡을 수 있다. 줄기는 깨끗이 다듬어야 물에 담갔을 때 물이 부패하지 않고 물올림이 좋아져 생명을 오래 유지할 수 있다.

원예의 기쁨(Happiness Through Horticulture)

원예활동은 사람들의 몸과 마음 그리고 영적인 발전을 위한 중요한 수단이며 나이, 배경, 능력을 불문하고 누구에게나 의미 있고 바람직한 활동이다. 이러한 원예활동에 의해서 영향을 받는 영역들은 다음과 같은 것이 있다.

- **감각** : 원예식물과 원예활동 재료는 여러 가지 감각을 자극한다. 흙이나 여러 가지 다른 느낌의 식물, 그리고 원예활동의 과정을 통해서 촉감을 느낄 수 있고 꽃이나 식물의 색에서 시각적 자극을 느낄 수 있다. 그리고 허브나 향기나는 여러 꽃들로부터 후각적 자극을 받고, 채소와 허브를 먹음으로써 미각을 느낀다. 자연환경에서 들리는 여러 가지 소리와 새, 벌레, 사람들의 소리로는 청각 자극을 얻는다.
- **신체** : 야외 원예활동은 많은 신체활동을 필요로 하고 실내 원예활동이나 작은 용기를 사용하는 원예활동은 약한 신체활동을 필요로 한다. 원예활동은 대상자에 맞는 적절한 신체활동을 제공할 수 있다.
- **인지** : 원예활동은 대상자들에게 학습의 기회를 제공할 수 있고, 노인들에게는 기억을 유도하여 회상의 기회를 제공한다. 여러 가지 인지적 요소들이 원예활동으로 다루어질 수 있다.
- **사회화** : 원예활동은 그룹 활동을 통해서 대상자들의 사회성을 높일 수 있다. 원예활동 과정에서 의견 교환과 의사결정, 그리고 역할 분담 등을 통해서 사회성을 향상시킬 수 있다.

예를 들어 원예활동 중의 단순한 삽목 과정에서도 다음과 같은 여러 가지 효과를 얻을 수 있다.

- 촉감 자극
- 후각 자극
- 신체 부위끼리의 협력
- 민첩성
- 좌우 양쪽의 통합
- 좌우의 구별
- 공간 관계
- 중심선의 교차

- 전체적 조정
- 집중
- 시작과 끝
- 순서
- 기억하기
- 지도에 따르기
- 문제 해결
- 사회화

원예활동은 사람들의 몸과 마음 그리고 영적인 발전을 위한 중요한 수단이다.

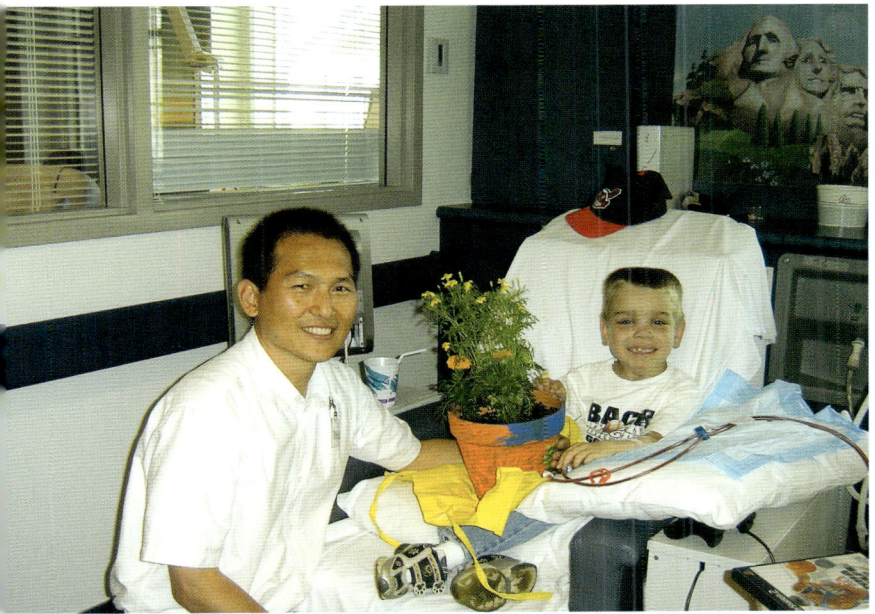

section 05 여러 가지 길러보기

- 간편한 바구니 정원
- 기와 위의 고사리
- 라벤더 꺾꽂이
- 사파니아 공중걸이분 만들기
- 둥근 기와 위의 고사리
- 무순 기르기
- 상추 기르기
- 콩나물 기르기

간편한 바구니 정원

🍀 어떻게 할까요?

1. 바구니 안에 비닐을 깔아 물이 흐르지 않도록 한다.
2. 배양토를 1/3 가량 깔아준다.
3. 키가 큰 식물을 중심으로 식물을 배치한다.
4. 배양토로 덮어준 뒤 모래를 깔아준다.
5. 색돌과 장식품을 이용하여 꾸며준다.

🌼 준비물

바구니, 배양토, 식물(크로톤, 소엽맥문동, 접란, 솔레롤리아, 코프로스마), 모래, 색돌, 비닐, 장식품

🌱 한 걸음 더

식물은 키가 큰 것, 중간정도인 것, 넝쿨식물, 바닥에 붙어서 사는 식물을 같이 사용하는 것이 좋다. 식물의 잎사귀나 색상이 다른 것이 정원 같은 느낌을 갖게 한다. 준비한 식물 중 키가 크거나 잎이 큰 것, 또는 색상이 강한 식물을 용기 한 가운데에서 조금 비껴난 자리에 배치한다. 넝쿨식물을 이용하여 바구니를 조금 가려주면 자연스러운 바구니 정원이 된다. 식물을 너무 많이 심지 말고 공간을 두어 휴식할 수 있는 여유를 준다. 작은 식물 몇 가지로 특별한 선물이 될 수도 있다.

 ➡  ➡

기와 위의 고사리

어떻게 할까요?

1. 기와에 낚시줄을 엮어 식물과 흙이 지탱되도록 한다.
2. 엮은 낚시줄 사이에 식물을 넣고 배합토로 감싼다.
3. 마사토나 하이드로볼을 덮어 뿌리를 감추고 장식 효과를 준다.
4. 흙이 흘러내리지 않도록 스프레이로 물을 준다.
5. 반그늘에 두고 감상한다.

준비물

기와, 고사리, 배합토, 마사토 또는 하이드로볼, 스프레이

한 걸음 더

기와는 예부터 건물 지붕에 사용되어 왔는데 요즘은 옛날 지붕을 헐면 나오는 기와를 꽃 장식 재료로 많이 쓰고 있다. 특히 점토로 구운 옛날 기와는 고풍스러운 멋은 물론이고 물기를 잘 머금고 통기성도 있어 식물이 붙어서 자라기에 적당하다. 기와 중에서 너비가 넓은 기와는 식물을 고정시키기가 어려워 낚시줄을 이용하여 고정틀을 미리 만들어 주는 것이 좋다. 식물을 심은 뒤 물을 줄 때에는 하이드로볼이나 마사토가 흐르지 않도록 약간 떨어져서 스프레이로 물을 뿌려준다.

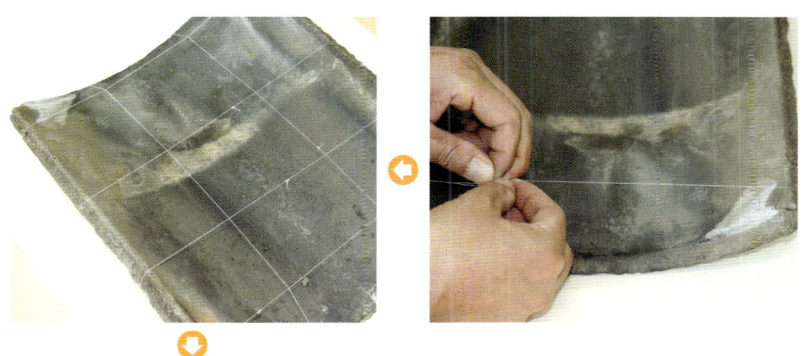

라벤더 꺾꽂이

🍀 어떻게 할까요?

1. 화분에 모래를 채우고 물로 충분히 적신 다음 이쑤시개 등을 이용해 구멍을 뚫는다.
2. 라벤더 가지를 7~10cm 정도 자른다.
3. 가지 밑의 잎은 떼어 낸다.
4. 모래에 가지를 꽂고 꾹 눌러준 후, 물을 다시 충분히 준다.
5. 가지가 시드는 것을 방지하기 위해 투명한 유리나 플라스틱 병으로 화분을 덮어준다.
6. 일주일 정도 실내의 반그늘에 두었다가 이후 어느 정도 햇빛이 들어오는 창가에서 기른다.
7. 한 달 정도 지나 뿌리가 자라면 일탄 배양토가 담긴 화분에 옮겨 심는다.

🌼 준비물

라벤더, 화분, 꽃가위, 이쑤시개, 유리나 플라스틱 병, 물뿌리개

🌱 한 걸음 더

꺾꽂이(삽목)는 잎, 줄기, 뿌리 등을 꺾어서 흙에 꽂아 뿌리를 내리는 번식방법(영양번식)을 말한다. 씨앗으로 기르는 것보다 빨리 키울 수 있으며 한번에 많은 포기를 만들 수 있는 장점이 있다.

사피니아 공중걸이분 만들기

🍀 어떻게 할까요?

1. 사피니아 모종을 구입하고 공중걸이분을 준비한다.
2. 피트모스와 같은 가벼운 흙으로 화분을 반 정도 채우고 비료를 흩어 뿌린 후 흙으로 살짝 덮어준다.
3. 모종을 화분의 알맞은 위치에 배열한다.
4. 모종삽을 이용해 모종 사이를 흙으로 채운다.
5. 물을 충분히 주고 어느 정도 햇빛이 들어오는 곳에서 기른다.

🌼 준비물

모종(사피니아), 공중걸이분, 피트모스, 비료, 모종삽, 물뿌리개

🌱 한 걸음 더

화려한 꽃을 계속 피우며 자라는 사피니아나 임파티엔스 같은 식물을 공중걸이분에 심어 기르면 더욱 멋지게 꽃을 감상할 수 있다. 꽃이 계속 피고 지므로 시든 꽃을 빨리 따주고 비료를 자주 주면서 관리한다. 아파트 베란다에 걸면 유럽풍의 예쁜 창을 만들 수 있다.

둥근 기와 위의 고사리

🍀 어떻게 할까요?

① 둥근 기와를 깨끗이 씻은 후 오목한 부분이 위로 가도록 놓는다.
② 고사리를 기와 중앙에 놓은 후 배합토로 감싼다.
③ 하이드로볼을 덮어 뿌리를 감싸주고 장식 효과를 낸다.
④ 흙이 흘러내리지 않도록 스프레이로 물을 준다.
⑤ 반그늘에 두고 감상한다.

🌼 준비물

둥근 기와, 고사리, 하이드로볼, 스프레이, 배합토

🌱 한 걸음 더

기와 중 오목하게 생긴 둥근 기와는 식물을 고정하여 심기 편리하고 탁자나 테이블 위에 놓고 감상하기 좋다. 고사리를 심을 때에는 고사리의 뿌리를 흙으로 다 감추기보다는 고사리의 특성에 맞게 뿌리가 드러나도록 심고 스프레이를 해주는 것이 좋다.

무순 기르기

어떻게 할까요?

1. 오목한 그릇에 솜을 깔고 물을 축인다.
2. 무 종자를 물에 한 번 헹군다.
3. 젖은 솜 위에 종자가 겹치지 않게 평평히 깐다.
4. 솜이 마르지 않도록 스프레이로 둘을 자주 적셔준다.
5. 3~4일 정도 직사광선을 피해 종이를 덮어주면 뿌리가 나리고 싹이 난다.
6. 싹은 약 5cm 이상 자랐을 때 잘라서 먹는다.

준비물

오목한 그릇, 무 종자, 솜, 종이, 스프레이

한 걸음 더

새싹 채소기르기는 새싹이 트는 순간을 눈으로 즐기고 음식에도 직접 사용할 수 있는 유익한 활동이다. 무순은 5~6일 정도 기르면 먹을 수 있는데 매운 맛이 강해 고기와 함께 먹으면 잘 어울린다. 그리고 샐러드나 비빔밥, 알 초밥 등의 요리에도 이용한다. 새싹을 기를 때 그릇에 물이 오래 고여 있으면 냄새가 날 수 있으므로 2~3일에 한번씩 고여 있는 물을 갈아준다.

상추 기르기

🍀 어떻게 할까요?

1. 상추 모종과 알맞은 크기의 화분을 준비한다.
2. 원예용토와 부엽토 등을 섞어 만든 배양토로 화분을 반 정도 채운다.
3. 포트에서 모종을 꺼내 화분의 알맞은 위치에 배열한다.
4. 모종삽을 이용해 모종 사이에 배양토를 채워 넣는다.
5. 물을 충분히 주고 적절하게 관리한다.

🌸 준비물

상추 모종, 화분, 원예용토, 모종삽, 물뿌리개

🌱 한 걸음 더

상추는 날씨가 서늘한 봄철이나 가을철에 기르는 잎채소이다. 4월에 모종을 구입해 적당히 햇빛이 들어오는 곳에서 기르면 5월부터는 잎을 따서 먹을 수 있다. 물을 좋아하므로 자주 물을 주어야 하지만, 물이나 비료가 너무 많으면 맛이 없어진다. 종자를 뿌려 상추를 길러보는 것도 도 다른 재미가 있다.

콩나물 기르기

🍀 어떻게 할까요?

① 콩을 물에 담가 물에 뜨는 콩은 건져 내고 3~4시간 불린다.
② 그릇에 콩을 넣고 입구에 망을 씌운 후 고무줄로 고정시킨다.
③ 검은 천으로 그릇을 덮어준다.
④ 매일 그릇을 물에 담았다가 망으로 물을 따라낸다.

 준비물

콩나물 콩, 그릇, 망, 검은 천

🌱 한 걸음 더

콩나물은 여름철에는 6~7일, 겨울철에는 7~8일, 추운 곳에서는 15일 정도 자라면 먹을 수 있다. 뿌리 부분에는 몸에 좋은 아스파라긴산이 있다. 간단한 장치로 콩나물을 기르면 키우는 기쁨은 물론이고 스스로 길러서 먹는 즐거움도 얻을 수 있다.

section 06 말린 꽃 소품 만들기

- 마른 꽃 만들기
- 갈린 꽃으로 액자 꾸미기
- 시험관 꽃 말리기
- 꽃잎 말리기
- 누름꽃(압화) 열쇠고리
- 누름꽃(압화) 카드
- 누름꽃(압화) 책갈피

마른 꽃 만들기

🍀 어떻게 할까요?

1. 미니장미를 밀폐용기에 들어갈 정도의 크기로 자른다.
2. 실리카겔을 2cm 정도 밑바닥에 깐다.
3. 장미의 형태가 변하지 않게 실리카겔 위에 배치한다.
4. 장미가 완전히 보이지 않을 때까지 실리카겔을 조금씩 붓는다.
5. 7~10일 정도 밀봉해 두었다가 실리카겔을 교환하여 3~4일 정도 더 두고 완전히 건조되면 꺼낸다.
6. 꽃을 분리해 실리카겔을 털어 낸다. 만약 꽃을 만져보아 젖어 있으면 실리카겔을 전자레인지에 말려 ❷부터 다시 시작한다.
7. 건조제가 포함된 용기에 넣어 보관한다.

🌼 준비물

미니장미, 분쇄된 실리카겔(입자크기 20메시), 사각 밀폐용기

🌱 한 걸음 더

실리카겔을 이용하여 꽃을 말리면 꽃의 모양은 물론 색도 그대로 유지할 수 있다. 이렇게 말린 꽃을 이용하여 액자를 꾸미거나, 유리병 속을 장식하면 오랫동안 꽃을 감상할 수 있다.

말린 꽃으로 액자 꾸미기

🍀 어떻게 할까요?

1. 액자 밑판의 크기와 같은 종이에 배치도를 그린다.
2. 느티나무 가지로 대충의 윤곽을 나타낼 수 있도록 액자에 놓아본다.
3. 장미와 열매를 배치도대로 놓는다.
4. 글루건을 이용하여 느티나무 가지부터 고정하고 재료들이 시작되는 지점을 유카립터스로 붙인다.
5. 부스러기와 글루건 줄을 떼어 내고 어울리는 장소에 놓는다.

🌼 준비물

액자, 느티나무 채색 가지, 미니장미, 유카립터스, 찔레 열매, 글루건

🌱 한 걸음 더

마른 꽃은 생화보다 오래 즐길 수 있다. 단, 자르거나 고정할 때 꽃잎이 부서지지 않게 주의해야 한다. 꽃, 나뭇가지, 열매 등을 함께 사용하면 장식 효과가 좋다. 마른 꽃 액자는 액자의 크기에 따라 재료의 양이 정해지지만 간단하게 적은 양으로도 한두 가지의 재료만 있으면 멋있는 작품이 된다. 조화와는 다른 자연스러운 느낌이 있으며 생화를 즐기고 난 후에도 꽃을 볼 수 있어서 재활용한다는 의미에서도 좋은 장식품이 된다.

시험관 꽃 말리기

🍀 어떻게 할까요?

1. 장미 잎을 다듬어 시험관 크기에 맞게 자른다.
2. 가로, 세로가 5cm 정도 되는 플로랄폼 중앙에 미니장미를 꽂는다.
3. 시험관 속에 실리카겔을 1/4 정도 넣는다.
4. 시험관 속의 실리카겔이 쏟아지지 않도록 주의를 기울여 시험관 입구를 플로랄폼에 꽂아 입구는 봉한다.
5. 시험관을 똑바로 세워 시험관 입구를 빼낸다.
6. 플로랄폼 부분은 색테이프나 기타 장식품으로 장식한다.

🌼 준비물

미니장미, 실리카겔, 플로랄폼, 시험관

🌱 한 걸음 더

유리병 속에 실리카겔과 함께 꽃을 장식하면 처음에는 생화의 싱싱함을 감상할 수 있고 시간이 지나면서 꽃이 말라 드라이플라워가 되는 과정을 지켜볼 수 있다.

 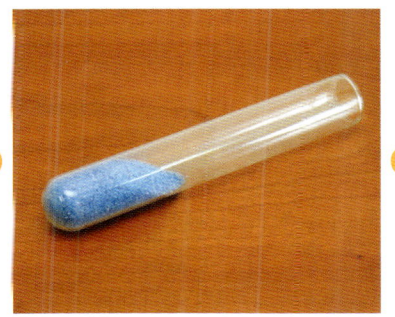 

꽃잎 말리기

어떻게 할까요?

1. 습자지 위에 꽃잎을 가지런히 놓는다.
2. 꽃잎 위에 다시 습자지를 덮고 다리미로 다린다.

준비물

꽃잎(꽃잔디, 장미), 핀셋, 습자지, 다리미

한 걸음 더

꽃잎을 티슈 사이에 넣어서 두꺼운 책 속에 넣어 눌러두면 꽃잎이 잘 마르지만 시간이 많이 걸린다. 급히 작품을 만들어야 될 때는 다리미로 다려서 꽃잎을 말릴 수도 있다. 이렇게 말리는 꽃잎은 색깔이 금세 변하기도 하지만, 시간을 줄일 수 있기 때문에 요긴하게 쓸 수 있는 방법이다.

누름꽃(압화) 열쇠고리

🍀 어떻게 할까요?

① 열쇠고리 틀에 맞게 색상지를 자른다.
② 색상지 위에 꽃잎을 놓으면서 구도를 잡는다(꽃잎은 핀셋으로 조심스럽게 집는다).
③ 이쑤시개를 이용해 구상한 자리에 압화용 풀(또는 매니큐어)을 바른 뒤 꽃잎을 고정시킨다.
④ 뒷면도 같은 방법으로 장식한다.
⑤ 꽃잎을 배치한 색상지를 열쇠고리 틀 안에 넣고 뚜껑을 덮어 완성한다.

🌼 준비물

열쇠고리 틀, 압화, 핀셋, 압화용 풀, 색상지, 이쑤시개

🌱 한 걸음 더

압화란 눌러서 말린 꽃을 말한다. 압화를 하다보면 흔히 볼 수 있는 풀 한 포기마저 아름답게 볼 수 있고 식물을 귀하게 여길 수 있는 마음의 눈을 뜨게 된다. 압화는 큰 손재주가 없어도 누구나 쉽게 배울 수 있으며, 아이들에게는 집중력과 침착함, 어른들에게는 정서적 안정을 줄 수 있다.

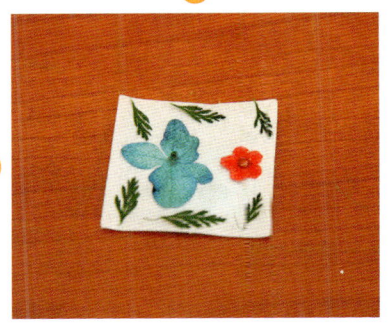

누름꽃(압화) 카드

🍀 어떻게 할까요?

1. 색상지를 카드 크기로 잘라 반을 접는다.
2. 카드 안에 다른 색의 색상지를 덧대어 준다.
3. 카드 맨 앞쪽에 자신이 구상한 밑그림을 그려 본다.
4. ❸의 종이에 말린 꽃을 배치해 본다.
5. 압화를 카드에 조심스럽게 붙인다. 이때 풀을 너무 많이 칠하지 않도록 한다.
6. 풀기가 마르면 사인펜이나 색연필로 예쁘게 그림을 그리거나 글씨를 쓴다.
7. 압화가 떨어지지 않도록 투명 시트지로 코팅을 해준 후 핑킹가위로 다듬어 준다.

🌼 준비물

말린 꽃, 색상지, 딱풀, 사인펜 또는 색연필, 투명 시트지, 가위, 핑킹가위, 압화용 핀셋

🌱 한 걸음 더

말린 꽃을 손으로 집어 작업하면 꽃잎이 손상될 수 있으므로 핀셋을 이용하여 작업을 하는 것이 좋다. 또한 한 번 풀을 붙여 작업을 하면 다시 수정하기가 어려우므로 미리 디자인을 해본 후에 고정을 시켜주는 것이 좋다.

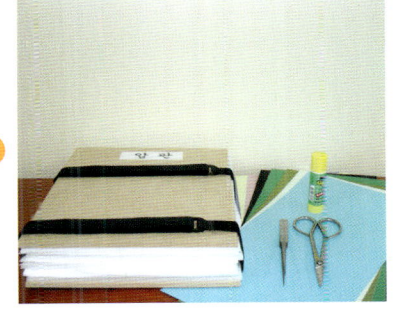

누름꽃(압화) 책갈피

어떻게 할까요?

1. 색도화지를 원하는 책갈피 모양으로 자른다.
2. 자른 도화지 위에 꽃잎을 올려놓고 디자인해 본다.
3. 풀로 꽃잎을 고정시킨다.
4. 코팅 기계나 코팅지를 이용해서 코팅을 한다.
5. 펀치로 구멍을 뚫어 리본을 매서 장식한다.

준비물

눌러 말린 꽃(압화), 색도화지, 가위, 풀, 핀셋, 코팅지, 펀치, 리본

한 걸음 더

잘 말린 바삭바삭한 꽃잎을 하나씩 작은 색도화지 위에 올려놓다 보면 마음이 하나로 모이고 잡념이 없어진다. 마른 꽃잎은 잘 부스러지므로 핀셋으로 조심스럽게 집어야 된다. 한 순간 아름답게 피었던 꽃잎은 책갈피가 되어 책 속에 묻혀 있다가 책을 펼칠 때마다 아득한 회상을 떠올리게 한다.

어린이 원예활동

최근에 환경교육을 위한 수단으로 어린이들의 원예활동이 확대되고 있고, 여러 학교나 식물원, 수목원, 지도기관, 기타 여러 그룹이 어린이 원예활동을 지원하고 있다. 많은 연구 결과, 환경에 대한 태도는 어릴 적에 형성된다고 하기 때문에 어린이의 초기 발달 단계에서 자연에 대한 긍정적인 관점을 북돋우는 것은 매우 중요하다.

어린이들은 기본적으로 그들을 둘러싼 주변 세계와의 신체적 접촉과 조작을 통하여 학습을 하기 때문에 환경보전과 기본적인 과학원리를 가르치는 중에 손쉬운 정원활동을 사용하는 것은 매우 효과적이다. 원예는 수학, 미술, 역사, 언어기술, 사회성 학습, 그리고 문학을 가르치는 데도 사용할 수 있다. 원예활동은 어린이들의 발달 단계와 요구에 맞추어 어린이들의 흥미를 유발하고, 물리적 세계에서 실재로 탐구해 보도록 하며, 사회적 세계에서 지각적 성취와 협력을 촉진하도록 할 수 있는 것이다.

자연공간은 또한 어린이들이 놀이를 통하여 발달과 학습을 이룰 수 있도록 하기 위한 "무한한 자유"와 "무한한 놀이 활동"을 제공할 수 있다. 윌슨이라는 사람에 따르면, 어린이들이 한번 자연세계를 존중하고 사랑하는 것을 배우게 되면 어린이들은 자기들 주변 세계에 대해서 과학적으로 배울 준비가 되고 또 배우기를 갈망하게 된다.

　어린이들과 원예활동을 하는 기타 부수적인 목적은 인내심, 끈기, 공손함, 책임감, 협동심, 신체적 건강, 좋은 일을 하는 습관, 학습 동기, 자신감, 공감, 경외감과 기쁨, 존경심, 그리고 자연에 대한 감사함을 발달시키도록 하는 것이다. 그래서 어린이 정원은 자유롭게 움직이고 놀이를 할 수 있도록 설계가 되어야 한다. 어린이 정원에 있는 식물은 흥미롭고 신기한 것이 좋다. 또한 "여유 공간, 즉, 어린이들이 맘대로 자유롭게 즐길 수 있는 자연적 공간"이 되어야 한다.

- Mary Lorraine Predny -

section
07 페트병에 길러보기

- 페트병 테라리움
- 페트병으로 걸이분 만들기
- 페트병에 심지로 물올리기
- 페트병 걸이화분

페트병 테라리움

어떻게 할까요?

1. 페트병 허리를 잘라 둘로 나눈다.
2. 아래 부분의 페트병 바닥에 배수용 장식 모래를 5cm 깊이로 깐다.
3. 배합토를 3cm 정도 덮는다.
4. 솔레이롤리아를 화분에서 조심스럽게 떼어서 옮겨 심는다.
5. 뿌리가 드러나는 곳이나 빈 자리에 배합토를 더 채운다.
6. 페트병 윗부분을 끼워서 다시 붙인다.
7. 스프레이로 물을 주고 감상한다

준비물

배수용 장식 모래, 배합토, 솔레이롤리아, 투명 페트병

한 걸음 더

솔레이롤리아는 관엽식물 중 한 가지로 애기눈물이라는 예쁜 별명을 가지고 있다. 잎이 작고 앙증맞게 생겨서 붙여진 이름일 것이다. 솔레이롤리아는 페트병 속에서도 오래 견디고 모양이 그대로 유지된다.

페트병으로 걸이분 만들기

🍀 어떻게 할까요?

1. 식물을 심을 수 있도록 페트병의 옆구리를 잘라낸다.
2. 알코올 램프로 페트병을 가열하여 찌그러뜨린다.
3. 찌그러뜨린 페트병에 스프레이 페인트로 색을 입힌다.
4. 페트병 양쪽에 구멍을 내어 라피아로 고리를 만든다.
5. 흙을 넣고 푸밀라 고무나무를 심어 벽에 건다.

🌼 준비물

1.5리터 페트병, 알코올 램프 또는 버너, 라피아, 상토, 관엽식물(푸밀라 고무나무), 스프레이 페인트

🌱 한 걸음 더

페트병은 주변에서 가장 흔히 구할 수 있고 쓸모 있는 원예활동 재료이다. 자르고 찌그러뜨리는 활동을 하는 중에 부정적인 에너지가 소실된다. 여기에 식물을 심어서 걸어두면 창의성이 새롭게 자라난다.

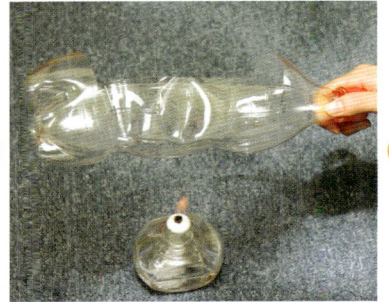
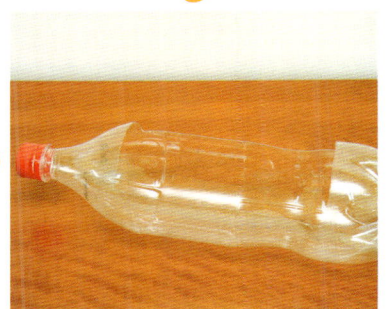

페트병에 심지로 물올리기

🍀 어떻게 할까요?

① 페트병을 위에서 10cm 가량 자른다.

② 페트병 뚜껑 중앙에 송곳을 이용하여 심지가 들어갈 구멍을 뚫은 후 심지를 약 20cm 정도 자른 뒤 구멍으로 통과시킨다.

③ 페트병 뚜껑을 닫은 후 잘려진 페트병 윗부분을 거꾸로 세운 뒤 밑부분과 겹쳐지도록 놓는다.

④ 페트병 밑부분에는 뚜껑의 위치보다 낮게 물을 채워 심지가 잠기도록 한 후 페트병 윗부분에 먼저 숯을 깔아준 뒤 하이드로볼을 1/2 정도 채운다.

⑤ 그 위에 배양토를 넣고 식물을 심어준다. 이때 심지는 식물의 뿌리 부분까지 올 수 있도록 주의하여 심는다.

⑥ 맨 위에 장식용 자갈을 이용하여 장식한다.

🌼 준비물

1.5L 페트병, 송곳, 심지, 숯, 하이드로볼, 배양토, 식물

🌱 한 걸음 더

심지를 이용해 식물을 심으면 심지를 통해 지속적으로 물이 뿌리까지 전달되기 때문에 식물을 관리하기에 편하다. 특히 여행을 떠나거나 오랫동안 집을 비울 때도 식물에 대한 걱정을 덜게 된다. 전용 심지가 없을 때는 면으로 된 천 조각을 말아서 써도 된다.

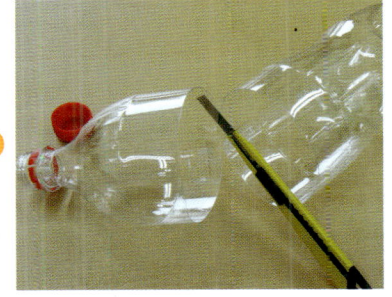

페트병 걸이화분

🍀 어떻게 할까요?

1. 페트병의 허리 부분을 곡선으로 자른다.
2. 절단면을 색테이프로 붙여 베이는 것을 막고 페트병을 꾸미는 효과도 준다.
3. 끈을 맬 부분에 펀치로 구멍을 낸다.
4. 수태를 페트병 바닥에 조금 깐다.
5. 식물을 넣고 빈 공간을 수태로 채운다.
6. 종이끈을 매서 적당한 공간에 매단다.

🌼 준비물

페트병, 아이비나 고양이발고사리, 수태, 색테이프, 종이끈

🌱 한 걸음 더

빈 페트병은 원예활동에서 여러 가지로 쓰임새가 닳은 재료이다. 중간 부분을 잘라서 뚜껑이 있는 윗부분을 아래로 가게 하면 병뚜껑을 배수 구멍으로 활용할 수 있는 재미있는 걸이분이 된다. 여기에 사용한 고양이발고사리는 털이 많이 나있는 런너가 걸이분 밖으로 뻗어 나오는 것을 즐길 수 있는 특이한 식물이다.

section 08 허브 즐기기

- 허브 리스 만들기
- 허브 정원
- 허브 버터 만들기
- 허브 비누 만들기
- 허브 식초 만들기
- 허브 향기 포푸리
- 아로마 포푸리
- 알로에 로션 만들기

허브 리스 만들기

🍀 어떻게 할까요?

1. 로즈마리 또는 라벤더의 줄기를 잘라 준비해 둔다.
2. 리스틀에 허브 줄기를 끼워 놓는다.
3. 카파 와이어로 허브 줄기를 리스에 감듯이 고정시킨다.
4. 빈 공간에 허브를 더 채운다.
5. 벽에 걸 수 있도록 리스의 뒷부분에 고리를 만든다.
6. 리본을 글루건으로 붙인다.
7. 완성된 리스를 벽에 건다.

🌼 준비물

카파 와이어, 리스틀, 조화 로즈마리 또는 라벤더, 꽃철사, 글루건, 리본

🌱 한 걸음 더

허브는 말라도 어느 정도 형태를 유지할 수 있고 은은한 향기를 내기 때문에 리스 재료로 적당하다. 허브 리스어 작은 조화를 이용해서 장식해도 좋다. 조화를 붙일 때에는 화려하지 않고 단조롭게 꾸며주어야 허브 리스의 특징을 살릴 수 있다. 허브는 되도록 긴 것을 사용하면 고정하기 쉽다.

 ➡  ➡

허브 정원

어떻게 할까요?

1. 그물망을 화분 구멍 크기에 맞게 자른 뒤 흙이 새어나가지 않도록 막아준다.
2. 화분 안에 상토를 1/3 가량 넣어준다.
3. 허브 모종을 포트에서 뺀 뒤 화분에 모아 심어준다. 심을 때에는 키가 큰 식물이 뒤쪽에 가도록 배치한다.
4. 뿌리가 보이지 않도록 흙을 덮어준다.
5. 물뿌리개로 흙이 흩어지지 않도록 주의하며 물을 흠뻑 준다.

준비물

허브 모종(라벤더, 애플민트, 타임), 화분, 상토, 모종삽, 그물망, 물뿌리개

한 걸음 더

가정에서는 식물을 놓을 공간이 많지 않기 때문에 여러 종류의 식물을 모아 심어 놓으면 한꺼번에 많은 식물을 감상할 수 있다. 특히 허브는 성질이 비슷하기 때문에 모아심기를 하면 관리하기도 편하다. 또한 허브가 많이 자라 무성해지면 줄기를 잘라 거꾸로 매달아 말려서 장식용이나 포푸리용으로 사용하거나 허브차, 허브 버터, 허브 카나페 등 음식을 만들 때도 사용할 수 있다.

허브 버터 만들기

🍀 어떻게 할까요?

① 허브는 씻어 물기를 빼고 잘게 다진다.
② 볼에 버터를 넣고 으깨 부드럽게 만든다.
③ ②에 다진 허브와 다진 마늘, 레몬즙을 넣고 잘 섞는다.
④ ③을 밀폐용기에 넣거나 랩으로 싸서 냉장고에 넣고 굳힌다. 빵이나 찐 감자, 생선구이, 육류구이 등에 버터를 넣거나 찍어 먹는다.

🌼 준비물

무염 버터 200g, 다진 허브 1스푼, 다진 마늘 1/2스푼, 레몬즙 몇 방울, 겨자나 후춧가루 약간, 용기, 볼

🌱 한 걸음 더

허브 버터를 만들기에 적당한 허브로는 차이브, 타임, 타라곤, 펜넬 등이 있으므로 기호에 맞는 허브를 선택한다. 허브는 빵이나 과자를 만들 때 함께 넣어 허브빵, 허브 과자를 만들 수 있고, 건조시킨 허브는 가루로 만들어 향신료로 사용할 수 있다.

허브 비누 만들기

🍀 어떻게 할까요?

① 냄비에 물을 붓고 비누베이스를 중탕으로 녹인다.
② 녹인 비누베이스에 꿀과 허브 오일을 첨가한 후 색소를 넣는다.
③ ②의 비누베이스를 비누틀에 붓는다.
④ 1~2일 그늘진 곳에서 말린다(빨리 굳히고 싶으면 냉동실에 넣는다).
⑤ 틀에서 조심스럽게 꺼낸다.

🌼 준비물

버너, 투명 비누베이스, 아로마 오일, 비누틀, 색소, 허브, 냄비, 그릇, 긴 수저, 꿀

🌱 한 걸음 더

허브 비누 만들기는 자기 피부 타입에 도움이 되는 재료를 선택하여 만들 수 있으며, 아로마 테라피의 효과도 누릴 수 있다.

허브 식초 만들기

🍀 어떻게 할까요?

① 물에 씻은 허브의 물기를 제거한 후 향과 색소가 잘 우러나도록 손으로 가볍게 비벼 놓는다.

② 뚜껑이 있는 병(유리병 또는 도자기)에 허브와 붉은 고추를 넣고 따뜻하게 데운 식초를 허브가 잠길 정도로 채운다. 이때 식초는 살짝 끓여 넣어야 하며 2주의 숙성 기간 동안 산이나 철분 생성 방지를 위해 병의 밀폐에 신경써야 한다.

③ 식초를 채운 병은 직사광선이 닿지 않는 따뜻한 곳에 3주 이상 두어 숙성·추출한다.

④ 허브의 맛과 향이 고루 배도록 가끔 용기를 흔들어 준다.

⑤ 추출이 끝난 허브는 용기에서 제거한다. 식초가 탁할 때는 커피 여과지 등을 이용해 여과한 후 밀폐가 가능한 유리 용기에 담아 사용한다.

🌼 준비물

허브(라벤더, 로즈마리, 민트류, 바질, 타임, 나스터츔), 유리병, 데운 식초(사과식초, 포도식초 및 쌀식초 등을 사용) 3컵, 붉은 고추 1~2개

🌱 한 걸음 더

허브 식초는 일반 식초와 마찬가지로 마요네즈나 소스를 만들 때 사용하며, 육류나 생선 요리에 사용하면 육류의 냄새나 생선의 비린내를 줄일 수 있다.

 ➡  ➡

허브 향기 포푸리

🍀 어떻게 할까요?

① 허브를 미리 말려둔다.
② 허브 잎을 다듬는다.
③ 다듬은 허브 잎을 밀폐용기에 넣는다.
④ 아로마 오일을 1~2방울 첨가한다.
⑤ 용기의 입구를 밀폐해 보관한다.
⑥ 바로 사용해도 되고 보관하면서 필요할 때마다 사용해도 된다.

🌼 준비물

말린 허브 잎, 밀폐용기, 아로마 오일

🌱 한 걸음 더

말린 허브에서는 향이 진하게 나지 않으므로 각 허브의 아로마 오일을 좀 더 첨가하여 사용하면 더욱 은은한 향을 즐길 수 있다. 착향시킨 허브는 향기주머니 만들기 등의 소재로 사용할 수 있다.

아로마 포푸리

🍀 어떻게 할까요?

1. 장미 꽃잎이나 다른 꽃들은 미리 그늘진 곳에서 말려둔다.
2. 말린 꽃잎에 자신이 원하는 아로마 오일을 한두 방울 떨어뜨려 섞어준다.
3. 부직포를 사각 모양으로 자른다.
4. 한 개 또는 두 개의 부직포를 겹쳐놓은 다음 3등분하여 접어준 뒤 가장자리를 양면테이프를 이용하여 붙여준다.
5. 밑부분은 약 2cm씩 두 번 접어 들어 올린 후 양면테이프로 붙여 고정시킨다.
6. 윗부분은 자신이 원하는 만큼 두 번 뒤집어 테이프로 고정시킨다.
7. 주머니 안에 꽃잎을 가득 넣은 후, 입구를 막고 리본을 단다.
8. 글루건을 이용해 리본과 조화를 장식한다.

🌼 준비물

마른 장미 꽃잎, 부직포, 양면테이프, 가위, 글루건, 조화, 리본, 아로마 오일

🌱 한 걸음 더

포푸리는 프랑스어로 '발효시킨 항아리'란 뜻이며, 실내 공기를 정화시키기 위한 방향제의 일종인 향기주머니이다. 포푸리를 만들기 위해 꽃잎을 말릴 때에는 통풍이 잘되는 곳이 좋으며, 하루에 한번씩 골고루 섞어주면서 습기를 제거하는 것이 좋다.

알로에 로션 만들기

🍀 어떻게 할까요?

① 한 병 분량의 크림이나 로션을 그릇에 준비한다.
② 중간 크기 알로에의 껍질을 벗겨 강판에 갈아 거즈로 꼭 짜내 즙을 낸다.
③ 알로에 즙과 크림을 혼합한다. 이 때 원하는 향수와 식용 색소 몇 방울을 첨가해도 된다.
④ 알로에를 혼합한 로션을 병에 넣고, 뚜껑을 꼭 닫아둔다.
⑤ 바로 사용해도 되며, 다른 로션과 혼동되지 않도록 이름 등을 스티커에 적어 붙여도 좋다.

🌼 준비물

기초 크림, 알로에 베라, 오목한 그릇, 아이스크림 막대(2개), 화장품 병, 깔대기, 아로마 오일, 강판, 거즈

🌱 한 걸음 더

로션 만들기에 적당한 로션으로는 향이 없는 제품이 좋다. 로션을 바로 사용하지 않을 때에는 냉장고에 보관하였다가 사용하도록 한다.

어르신과 어린이가 함께 어울리는 공간 – 세대간 원예 프로그램

1. 세대간 프로그램이란

세대간 교육(The Community of Generations Education 혹은 Intergenerational Education)이란 여러 세대 혹은 여러 연령 집단이 하나의 공동체 안에서 공동의 목표를 가지고 함께 교육활동에 참여하는 것을 의미한다. 즉 세대간 교육은 어르신 세대와 다른 세대 간의 상호작용과 협력을 통하여 배우고 익히는 각종 활동과 프로그램을 말한다.

세대간은 세대 공동체를 의미하는데 이것은 혈연으로 맺어진 조부모가 아닌 다른 어르신과 아동 및 청소년이 함께 어울려 친밀한 관계를 맺는 인위적으로 구성된 공동체이다. 세대간 프로그램은 이러한 세대 공동체를 대상으로 다양한 활동을 통하여 서로간의 차이를 극복하고 친밀한 관계를 맺어 조화를 이루는 것을 목표로 한다.

이러한 세대 공동체 교육은 각 세대가 그들이 살아가는 시간과 경험 면에서 다르다 해도 전체 생애의 일부분으로서 서로 관련되어 있다는 점에서 공통된 이해관계를 가지며, 오히려 그들이 한 공동체 안에서 활동할 때 서로간의 세대 차이로 인하여 인생 전체의 경험을 더욱 잘 이해하도록 만들 수 있음을 전제로 한다. 여러 세대 혹은 여러 연령집단이 어떤 교육적인 목적을 위하여 하나의 공동체 안에서 함께 어울릴 때 각 세대는 자신들이 미처 경험하지 못했던 시간과 공간을 세대 공동체 안에서 경험할 수 있을 뿐만 아니라 서로를 통하여 새로운 것을 더욱 많이 느끼고 배우고 얻을 수 있다.

2. 세대간 원예 프로그램의 효과

❶ 어르신들에게 미치는 효과

- 어르신들은 원예활동을 통해 두뇌를 지속적으로 사용하게 된다.

  보통 어르신들은 노환으로 인해 기억력이 감퇴되면서 스스로를 비하하게 되는데, 원예활동을 통해 장기기억과 단기기억을 둘 다 사용하게 되면서 유능감을 다시금 느끼게 된다.

- 어르신들은 원예활동을 통해 자신감을 조금씩 되찾는다.

  어느 누구든 아름다운 꽃을 심는 사람들을 부러워한다. 원예활동을 통해 자신이 뿌린 씨가 아름다운 식물로 자라는 것을 지켜보면서 만족감을 느끼게 된다.

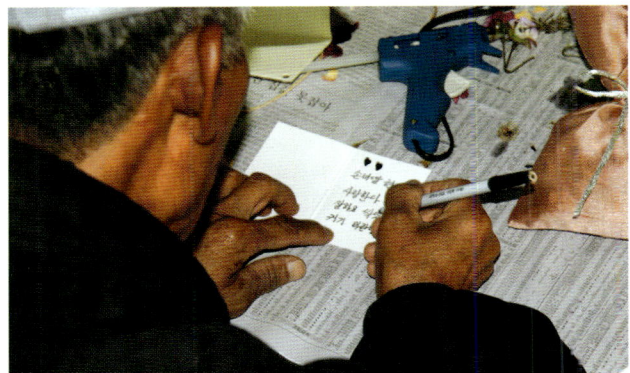

- 어르신들은 원예활동을 통해 안정감을 느낀다.

  특히 어떤 특정한 식물이나 식물의 향기를 좋아하는 사람에게는 더욱 그러하다. 그러한 것들을 통해 사람, 장소, 또는 직업 등의 기억들이 되살아나기도 한다.

- 어르신들은 세대간 원예활동을 통해 어린 세대에게 지식과 지혜를 전수해 줄 수 있다.

  어르신들은 자신이 쓸모없다는 생각에 우울증이나 무기력에 빠지기 쉬운데, 세대간 전수를 통해 자신이 쓸모 있다는 생각을 갖게 된다.

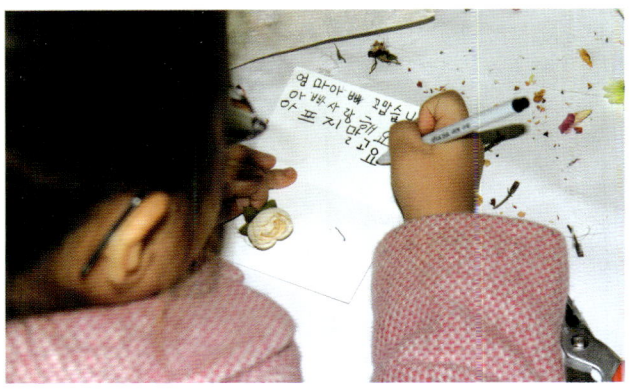

- 원예활동은 평생에 걸친 레저 활동이다.

  어르신들은 안정적인 공간에서 쉽게 따라할 수 있는 활

동들을 통해 재미도 느끼고 자신을 생산성 있는 사람으로 바라볼 수 있게 된다.

❷ 아동에게 미치는 효과

- 아동들은 원예활동을 통해 식물과 자연이 인간에게 얼마나 유익한지를 배울 수 있다.
- 아동들은 핵가족 체제에서 어르신들과 접촉할 수 있는 기회가 별로 없는데, 원예활동을 통해 어르신들의 지혜를 배울 수 있다.

원예활동이 세대간을 연결시키는 이상적인 매개 수단이 된다.

- 아동들은 원예활동을 통해 책임감, 양육감, 의무감을 배울 수 있다. 또한 삶과 죽음, 희망, 인내심과 아름다움을 느낄 수 있다.

- 아동들은 자연을 가까이 하면서 인간과 생물과의 연결 고리에 대해 배울 수 있다.
- 마지막으로 아동들은 식물의 순환 주기를 통해 삶의 영속성을 배울 수 있다.

씨앗을 심고 그 씨앗으로부터 작물을 수확하여 음식을 만들어보는 일련의 활동을 통해 식물의 순환주기를 알 수 있고 그로 인해 삶의 영속성을 배울 수 있다.

서로 잘 알게 됐어요

프로그램 참가 전

프로그램 참가 후

section
09 물들이기(천연염색)

- 양배추로 염색하기
- 양파껍질을 이용한 천연염색
- 치자 물들이기
- 그물잎 만들기
- 그물잎 만들어 염색하기

양배추로 염색하기

🍀 어떻게 할까요?

1. 양배추 1/4 조각을 냄비에 넣고 물을 양배추가 잠길 정도로 넣는다.
2. 강한 불에서 끓이다가 물이 끓으면 약한 불로 40분 정도 끓여 색을 우려낸다.
3. 색이 더 잘 들게 하기 위해 백반이나 소금 40g 정도를 물에 넣어 녹인 후 염색할 천을 담가 놓는다.
4. 물을 식힌 후 염액을 체에 걸러낸다.
5. 매염제에 넣었던 천을 꺼내어 걸러낸 염액에 담가 30분 정도 골고루 주물러준다.
6. 맑은 물에 몇 차례 씻은 뒤 그늘에서 말린다.

🌼 준비물

적양배추 1/4, 염색할 천, 매염제(소금, 백반 등), 냄비, 버너, 긴 수저, 고무장갑

🌱 한 걸음 더

적양배추로 염색을 하면 옅은 보라색의 작품을 만들 수 있다. 염색할 때에는 염색할 천, 매염제의 종류, 염색 원료의 양에 따라 조금씩 색이 달라질 수 있다. 또한 염색하기 전 천을 묶어주거나 실로 감아준 뒤 염색을 하면 무늬를 연출할 수 있다.

양파껍질을 이용한 천연염색

🍀 어떻게 할까요?

1. 깨끗한 양파껍질을 3주먹 가량 준비한다.
2. 양파껍질이 푹 잠길 수 있도록 물을 넉넉히 붓고 강한 불에 올려놓아 끓기 시작하면 중불에서 30분 가량 끓여준다.
3. 우러나온 물을 걸러내 준 뒤 ❷처럼 재탕하여 얻어진 염액과 합친다.
4. 매염제(약 3티스푼)를 넣고 녹여준다.
5. 염색할 천을 염액에 담그고 잘 주물러준다.
6. 30분 이상 담가둔 뒤 가볍게 짜서 그늘에 말려준다(중간중간 뒤집어준다).

🌼 준비물

양파껍질, 버너, 냄비, 긴 수저, 천(광목, 면, 실크 등), 매염제(백반, 소금 등), 고무장갑

🌱 한 걸음 더

양파껍질은 가정에서 쉽게 구할 수 있지만, 항상 모아두는 것이 아니므로 중국집을 이용하면 많은 양의 양파껍질을 구할 수 있다. 천을 염색할 때에는 잘 주물러 줘야 골고루 색이 잘 들며, 양파껍질을 삶기 전 우유를 섞어주면 우유의 단백질 성분에 의해 자연스럽게 물이 든다.

치자 물들이기

🍀 어떻게 할까요?

1. 건어물상에서 구입한 치자를 미지근한 물 1리터에 7~8개 정도를 넣고 충분히 불려 손으로 비벼 으깬다. 주무를수록 노랑색이 진해지므로 기호에 따라 농도를 조절한다.
2. 색이 우러나오면 치자를 건져낸다. 건져내지 않고 하룻밤 정도 놓아두어도 노란 물이 우러나온다.
3. 우려낸 치자 물을 철망에 한두 번 정도 걸러 맑은 물을 받는다.
4. 치자 물에 소금을 약간 넣는다(면직물을 염색할 경우는 소금을 촉염제로 쓰고, 실크는 식초를 촉염제로 사용한다).
5. 미리 세탁해 깨끗하게 정련한 면을 물에 고루 적셔 짠 다음 치자 물에 담근다.
6. 서너 시간 담가둔다. 오래 담가둘수록 물이 진하게 밴다.
7. 찬물로 헹군다(이때 물이 너무 많이 빠지면 한 번 더 물을 들인다).
8. 여러 번 헹궈서 물을 털듯이 손으로 주물러 짜고 염료가 골고루 염착되도록 평평한 곳에 펴서 말린다.

🌼 준비물

치자 열매, 물, 그릇, 거름망, 소금 또는 식초, 염색할 직물

🌱 한 걸음 더

천을 염색할 때는 노란색으로 우러난 물에 천을 담궈 손으로 군데군데 주물러주면 색이 고루 잘 든다. 천이 염색물 위로 떠오르면 기포가 생겨 나중에 얼룩이 생기므로 무거운 돌멩이 같은 것으로 눌러주는 것이 좋다.

그물잎 만들기

🍀 어떻게 할까요?

1. 벤자민 고무나무 잎을 따거나 가지를 잘라서 물통에 넣는다.
2. 나뭇잎이 충분히 잠기도록 물을 채운다.
3. 2~3개월간 따뜻한 곳에 두고 푹 썩힌다.
4. 충분히 썩은 나뭇잎을 소쿠리나 물이 잘 빠지는 그릇에 건져 낸다.
5. 흐르는 물에 나뭇잎을 씻으면서 잎살을 떼어 낸다.
6. 잎에 물기를 빼서 자연스런 형태 그대로 말려서 사용하거나 책 사이에 티슈를 끼워서 납작하게 만들어 사용한다.

🌼 준비물

벤자민 고무나무 잎, 물통, 가위, 책, 고무장갑, 집게

🌱 한 걸음 더

식물체를 썩히면 분해가 잘 되는 잎살은 빨리 썩어서 아름다운 엽맥을 남긴다. 잎이 썩어갈 때 매우 지독한 냄새가 나므로 썩은 물이 묻지 않도록 조심해야 된다. 그러나 잎을 여러 번 헹구면 냄새도 없어진다.

그물잎 만들어 염색하기

🍀 어떻게 할까요?

1. 비커에 물 200ml, 수산화칼륨 20g을 넣고 저으면서 녹인다.
2. ❶에 나뭇잎을 넣고 20~30분 가량 가열한다. 나뭇잎의 색깔이 진한 갈색이 될 때까지 서서히 충분히 끓인다.
3. 색이 진하게 변한 나뭇잎을 유리판이나 책받침 위에 놓고 흐르는 물 아래에서 칫솔로 잎살을 긁어낸다.
4. 잎살을 제거한 잎을 과산화수소나 락스 원액에 20~30분간 담가 탈색시킨 뒤 흐르는 물에 잎을 씻고 티슈로 물기를 제거한다.
5. 식용 색소에서 좋아하는 색을 골라 물에 탄 후 잎을 담가서 염색한다.
6. 마지막으로 잎의 물기를 제거하고 종이에 끼워 두꺼운 책으로 눌러 놓은 뒤 필요할 때 사용한다.

🌼 준비물

벤자민 고무나무 잎, 냄비, 나무젓가락, 접시, 스프레이, 키친타월, 칫솔, 신문지, 과산화수소 또는 락스, 수산화칼륨, 책받침 또는 유리판, 식용 색소

🌱 한 걸음 더

식물의 엽맥은 물과 양분의 통로가 되는 곳이다. 수산화칼륨으로 잎살을 제거하면 아름다운 엽맥을 볼 수 있다. 식용 색소는 음식에 색깔을 낼 때 쓰는 것으로 어린이와 같이 활동할 때도 안심하고 쓸 수 있다.

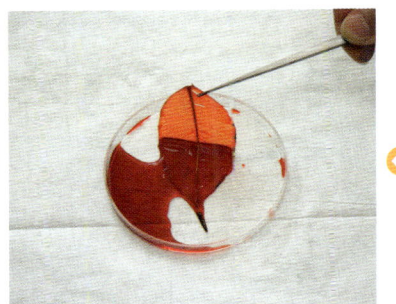

section
10 조화와 포장

- 조화 리스
- 조화 코사지
- 바구니 포장
- 리본 접기 – 프렌치 보우
  - 폼폰 보우
  - 나비 보우
  - 스타 보우
  - 부케 보우
  - 선물 상자 포장

조화 리스

어떻게 할까요?

1. 포도 넝쿨에 먼저 잎사귀를 붙인다.
2. 먼저 얼굴이 큰 조화부터 붙여 자리를 잡는다.
3. 큰 조화 사이사이에 얼굴이 작은 조화와 열매를 붙인다.
4. 조화를 붙일 때에는 리스틀의 안쪽과 바깥쪽에도 붙여서 리스를 풍성하게 하는 효과를 낸다.
5. 리스의 중앙에는 리본 장식을 위해 비워 둔다.
6. 리본으로 장식한 후 벽이나 문에 건다.

준비물

포도 넝쿨, 조화, 글루건, 리본

한 걸음 더

　조화는 신선한 이미지는 아니지만 오래 사용할 수 있다는 장점이 있다. 시중에는 포도 넝쿨이 많이 나와 있어서 리스를 만들기에 편리하다. 재료는 큰 꽃, 작은 꽃, 이파리, 열매를 골고루 사서 사용한다. 제일 먼저 이파리를 군데군데 글루건으로 붙인 후 큰 꽃과 작은 꽃, 그리고 열매를 차례로 사용하면 균형이 잘 맞는 리스를 만들 수 있다. 큰 꽃을 많이 이용하면 우아하고 품위가 있는 리스가 되고 잔잔하고 작은 꽃을 많이 이용하면 자연스럽고 귀여운 리스가 된다. 장식할 공간을 생각하면서 리스를 만들면 더욱 만족할 것이다.

조화 코사지

🍀 어떻게 할까요?

① 코사지에 어울리는 조화를 찾아 꽃과 줄기를 분리한다.
② 분리한 꽃이나 잎에 꽃철사를 이용하여 줄기를 만들어 준다.
③ 꽃철사에 플로랄 테이프를 감아준다.
④ 플로랄 테이프를 감은 여러 가지의 조화를 한손으로 모아주며 모양을 잡아 흐트러지지 않도록 꽃철사로 고정시켜 준다.
⑤ 브롯지 핀을 줄기 윗부분에 글루건으로 고정시켜 준다.
⑥ 얇은 색리본으로 모아 쥔 줄기를 감아준다.
⑦ 리본으로 마무리 장식을 한다.

🌸 준비물

조화, 꽃철사, 플로랄 테이프, 리본, 글루건, 코사지 핀

🌱 한 걸음 더

코사지는 프랑스어로 '코르샤쥬'이며, 코사지는 영어식 발음이다. 여인의 허리를 중심으로 상반신이나 의상에 장식하는 작은 꽃다발을 말한다. 결혼식이나 무도회와 같은 공식 행사에 많이 사용되고 있으며 특히 조화 코사지는 여성들의 패션의 한 부분으로도 이용되고 있다. 의상뿐만 아니라 모자나 가방에 매달아 포인트를 주기도 한다.

바구니 포장

🍀 어떻게 할까요?

1. 바구니 손잡이 길이의 세 배 정도 길이로 리본을 자른다.
2. 손잡이 밑에 리본 끝을 철사나 글루건으로 비스듬하게 붙인다.
3. 리본을 사선으로 감아서 반대편 손잡이 끝에 묶는다.
4. 포장지를 바닥과 옆면을 합친 길이보다 30cm 정도 더 길게 자른다.
5. 자른 포장지 두 개를 겹쳐서 놓은 후 포장지 중앙에 바구니를 올려놓는다.
6. 바구니를 포장지 중앙에 놓고 포장지 끝을 15cm 정도 밖으로 접어서 주름을 잡아 양쪽 손잡이에 꽃철사로 고정시킨다(볼록하게 접힌 부분은 바구니의 크기에 따라서 너무 크거나 작지 않게 한다).
7. 볼록하게 접힌 포장지 끝에 손가락을 넣어서 주름을 골고루 펴준 후 양쪽에 리본을 단다.

🌼 준비물

바구니, 꽃철사, 리본, 가위, 포장지

🌱 한 걸음 더

여러 가지 포장지를 이용하면 꽃이나 선물을 담을 바구니를 개성있게 표현할 수 있다. 바구니의 손잡이도 함께 장식하면 더욱 고급스러워진다. 경우에 따라서는 손잡이를 잘라내고 사용해도 좋다. 포장지 색상은 담는 물건에 맞추어 선택하도록 한다. 비슷한 색상의 포장지 두 장을 사용하는데, 약간 밝기가 다른 색으로 배색하는 것이 좋다. 한 번 사용한 바구니를 재활용할 수도 있다.

리본 접기

 **프렌치 보우** 루프를 만들고 중심에서 꼬아가며 보우를 양쪽으로 만든 다음 리본 깃을 만든 후 마무리하는 것으로 가장 일반적인 리본 보우이다. 리본의 폭과 크기에 따라 부케나 꽃다발에 적당하다. 중간에 보우를 만들고 중앙을 중심으로 좌우를 반복하여 나비 모양으로 만드는데 점점 보우의 길이가 길게 된다.

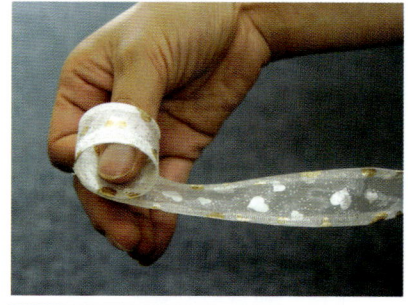

① 리본 끝부분을 둥글게 말아 엄지와 검지로 잡는다.

② 검지 쪽에서 리본을 360도 회전시켜 꽈준다.

③ 다시 반대쪽으로 리본을 둥글게 말아 중심 부분에서 360도 회전시키며 꽈준다.

④ ③의 동작을 여러 번 반복하여 여러 개의 보우를 만든다.

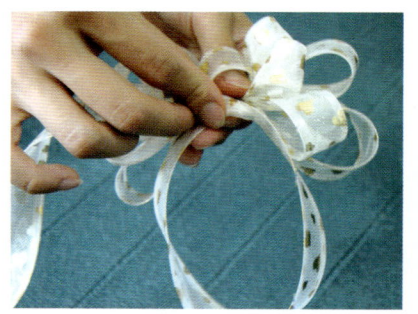

⑤ 조금씩 비스듬하게 여러 개의 보우를 만든 후 철사를 이용해 리본이 흐트러지지 않도록 고정시킨다.

⑥ 동그랗게 말았던 기본의 중앙을 자르면 리본의 꼬리가 만들어진다.

 ## 폼폰 보우

형태가 둥글며 루프의 길이가 일정하여 자연스러움이 떨어지지만 간단하고 빠른 시간 안에 만들 수 있어서 상업적으로 많이 사용된다.

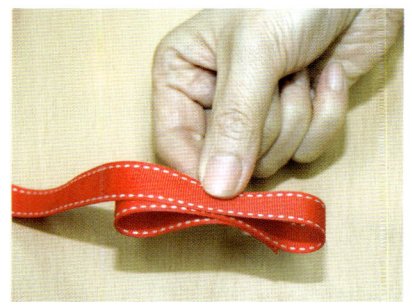

① 리본을 8자로 겹쳐서 접는다.

② 거의 같은 길이로 일곱 번 정도의 고리를 만든다.

③ 겹쳐진 고리의 중심에서 아래 위의 1/3 정도를 가위로 자른다.

④ 자른 부위를 철사로 단단히 묶는다.

⑤ 묶은 모습이 부채살 모양이 된다.

⑥ 묶은 부분을 잘 접고 겹쳐진 양쪽 고리를 한 개씩 꺼내면서 비틀어 형태를 만든다.

리본 접기

 나비 보우

나비 모양으로 만든 보를 말하며 날개를 양쪽으로 1개씩 만들면 싱글 나비 보우, 2개이면 더블 나비 보우가 된다. 리본을 8자 모양으로 만든 후 중앙을 묶어서 만든다. 또는 원형의 고리를 만들어 중앙을 묶으면 나비 보우가 된다. 철사가 보이는 부분은 색을 달리하여 가는 리본으로 묶어서 이중 리본처럼 만들면 고급스러운 느낌이 난다.

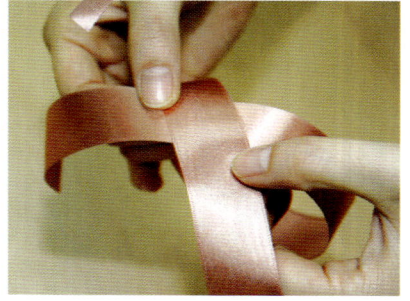

① 리본을 교차시켜 원형을 만든다.

② 교차된 부분을 원형의 중심 부분에 맞대어 잡는다.

③ 가운데를 엄지와 검지로 꼭 쥐어 주름을 잡는다.

④ 와이어로 묶는다.

⑤ 더블 보우로 만들기 위해서는 ②번을 반복한다.

⑥ 와이어로 묶어 더블 나비 보우를 완성한다.

 **스타 보우** | 별 모양의 리본 보우로 선물 포장에 많이 이용된다.

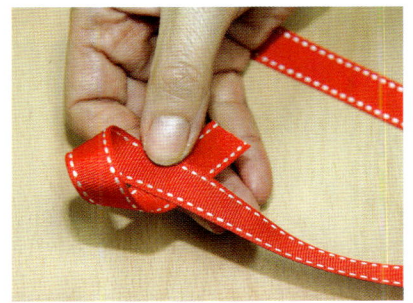

① 리본을 꼬아 우선 하나의 보우를 만든다.

② 리본의 보우를 고깔 모양으로 좌우에 네 개를 만든다. 이때 아래, 위로 크기를 같게 만든다.

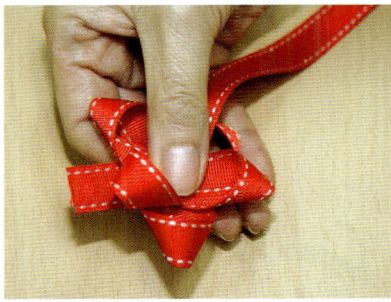

③ 각도를 다르게 하여 보우를 4개 더 만든다.

④ 중심에 작은 고리를 만든 후 겹치는 중심을 호치키스로 고정한다.

⑤ 긴 리본에 스타 보우를 글루로 붙인다.

⑥ 스타 보우를 선물용 상자 포장에 장식한다.

리본 접기

부케 보우

가장 일반적인 부케 장식용 리본으로 크기가 다른 링을 여러 개 만들어 간편하게 부케에 사용할 수 있다.

① 두 가지 리본을 가지런히 손바닥에 놓는다.

② 한 손으로 리본을 돌려 링 모양을 만든다.

③ ②번과 같이 해서 크기가 다른 링을 서너 개 만든다.

④ 다른 리본을 사용하여 두 겹을 겹쳐 제일 큰 링보다 약간 길게 자른다.

⑤ 자른 리본을 링 모양으로 만든 부케 보우에 얹고 철사로 묶어 준다.

⑥ 부케에 장식한다.

 **선물 상자 포장** 가장 흔히 사용하는 상자 포장 방법으로 선물을 더욱 값지게 보이도록 할 수 있다.

① 리본을 십자로 돌려 묶는다.

② 매듭 부분을 다시 묶어서 풀리지 않게 한다.

③ 매듭 부분에 한쪽의 리본으로 고리 하나를 만든다.

④ 다른 리본을 고리 위로 두 번 돌린다.

⑤ 두 번째 돌린 리본을 첫 번째 돌린 리본 고리 속으로 넣어서 당긴다.

⑥ 좌우균형을 맞추어 꼭 묶고 마무리한다.

화초의 분갈이

① 배합토 준비

난	주로 물이 잘 빠지며 통기성이 좋은 용토를 준비한다. 일반적으로 경석이나 바크 등을 쓴다. 경석은 대, 중, 소립으로 구분하여 준비하며, 바크도 가능하면 굵기의 차이가 있는 것을 준비하면 좋다. 또한 용토는 모두 미리 물에 담가둔 것을 사용하도록 한다.
관엽식물	물이 잘 빠지고 유기질이 충분히 섞여 있는 흙이면 된다. 일반적으로는 굵은 모래나 마사토 절반에다 유기질 퇴비 절반을 골고루 섞으면 여러 관엽식물에 두루 쓸 수 있는 흙이 된다.
분재	분재의 배합토는 배수가 좋고, 유기질이 적은 마사토를 주로 이용하는데, 마사의 굵기는 너무 가늘지 않고 중간정도(직경 4~5mm)인 것으로 준비하면 된다.

② 식물 준비

난	동양란의 경우, 성촉이 최소 5~6촉 이상된 것을 준비한다. 분갈이는 분주의 목적으로도 하지만 오래되면 배양토가 노화되기 때문에 최소한 2~3년에 한 번은 해야 한다. 뿌리가 꽉 찬 것은 미리 물을 줄 필요가 있다.
관엽식물	식물은 미리 물을 주어 놓는다.
분재	너무 웃자란 가지는 원래의 수형에 맞게 전정을 하여 다듬어 준다.

③ 화분 준비

난	미리 화분에 충분히 수분을 흡수시켜 둔다. 화분이 건조해 있으면 물주기를 해도 화분이 물을 흡수해버려 난에 수분이 충분히 전달되지 않을 수 있다. 또한 이미 사용한 화분은 병해를 고려하여 열탕이나 약제 소독을 해 두도록 한다.
관엽식물	새 화분이 점토 화분이면 물 속에 한 시간 정도 담가둔다. 새 화분은 원래 화분보다 3cm 정도만 더 크면 된다. 그러나 30cm 정도 되는 큰 화분에 있던 식물은 6cm 정도 더 큰 화분에서도 잘 자란다. 또한 큰 식물의 경우는 분갈이를 하는 것보다는 매년 표면에서 3~5cm 정

분재	도의 흙과 뿌리를 긁어내고 새로운 흙으로 갈아주는 것도 좋은 방법이다. 분재분은 원래의 화분이 오래되고 때가 끼어 보기 싫은 경우, 물에 락스를 풀어 10분 정도 담가 두었다가 깨끗이 씻은 후 물로 헹구어 내어 다시 이용하거나 원래의 화분을 바꾸고자 할 경우 분재 수형에 어울리는 새 화분을 준비한다.

❹ 식물 꺼내기

난	화분을 돌려가며 화분 가장자리 부분을 두드리면서 식물을 뽑아낸다. 큰 화분의 경우에는 분의 가장자리를 나무조각이나 나무망치로 가볍게 두드린 다음 분을 옆으로 눕히고 조심스럽게 분리한다. 식물을 꺼낸 후 죽은 뿌리 등을 제거하도록 한다.
관엽식물	손으로 흙 표면과 화초 밑둥을 잡아 고정시킨 채 화분을 돌려 화초를 빼낸다. 화초가 빠지지 않으면 화분 가장자리를 책상 모서리 등에 대고 살살 두드리면서 줄기의 가장 아랫부분(가장 굵은 부분)을 잡고 빼낸다. 이렇게 해도 빠지지 않으면 화분을 부수는 수밖에 없다.
분재	분재는 나무의 흔들림을 방지하기 위하여 구리 철사 등으로 나무와 화분 밑에 태수 구멍을 통하여 묶어져 있으므로 뿌리가 상하지 않게 철사를 자른 후 식물을 잡고 화분과 분리를 시킨다. 이때 분재는 앞면과 뒷면이 있으므로 앞면을 잘 누여겨 보거나 표시를 한 후 식물을 꺼내어 원래의 배합토를 1/3 정도 턴 후 썩은 뿌리는 잘라내고, 엉킨 뿌리들은 잘 다듬어 손질을 해 놓는다.

❺ 배수층 만들기

난	화분 바닥에 그물망을 깔고 굵은 난석을 깐다.
관엽식물	화분 흙의 물이 잘 빠지고 공기도 잘 통하게 하려면 그물망이나 화분 조각, 알갱이 흙 등을 화분 맨 아래에 깔아서 배수층을 만든다. 큰 화분의 배수층은 작은 화분의 배수층보다는 두꺼워야 된다. 이 배수층 위에 다시 2~3cm 두께로 화분 흙을 덮는다.
분재	분재분은 높이가 얕으므로 배수층이 필요 없으며, 배수 구멍이 대체로 크므로 마사토가 빠지지 않도록 화분 바닥에 배수망을 깔아준다.

❻ 흙과 비료 채우기

난	난은 배수층만 만들고 흙과 비료는 미리 채우지 않는다.

관엽식물	완효성 비료를 주고 싶으면 한 숟갈 정도 뿌려 흙과 섞는다. 그리고 비료가 들어 있지 않는 흙을 다시 2cm 정도 그 위에 더 덮는다. 이렇게 하면 화초의 뿌리가 직접 비료와 닿지 않게 된다. 지제부가 화분 턱에서 1.5~2cm 아래에 위치하도록 하고, 필요하면 뿌리 아래에 흙을 보충한다. 엉켜있는 뿌리를 헤쳐 길게 뻗은 뿌리는 칼로 2~3cm 정도 자른다.
분재	새로운 마사토를 배수망 위에 화분의 1/3 정도 넣은 후 골고루 펴주며, 비료는 주지 않는다.

❼ 화초 넣기

난	화분 바닥에 굵은 난석을 깐 후 식물체를 균형 있게 세워 형태를 바로잡아 빈 공간에 중간 난석이 뿌리 사이로 골고루 들어가도록 집어 넣는다. 비료는 절대로 미리 사용하지 않도록 한다. 뿌리가 활착한 뒤에 비료를 주도록 한다.
관엽식물	먼저 화초를 새 화분에 세워 본다. 물을 줄 때 화분 밖으로 흘러 넘치지 못하도록 흙 표면은 화분보다 1~2cm 낮아야 한다. 너무 흙이 많으면 다시 퍼 낸다. 화초를 화분의 중앙에 위치하도록 잘 놓고 빈 공간에 골고루 흙을 채운다. 흙을 채우는 동안 화초가 제대로 서 있는지 잘 관찰한다.
분재	분재는 수형 및 보는 관점에 따라 다르기 때문에 식물의 앞쪽을 잘 확인한 후 식물을 중앙에 놓고 식물이 흔들리지 않도록 식물과 화분의 배수망을 이용하여 녹이 슬지 않는 구리 철사로 묶어주고 화분턱을 이용하여 식물을 부드러운 끈으로 매어준다.

❽ 흙 다지기

난	화분 상층의 벌브와 뿌리의 약 1~3cm 정도는 가는 난석으로 마무리하도록 한다.
관엽식물	뿌리 위로 흙이 1cm 이상 올라오도록 새 흙을 채운다. 그리고 나서 흙을 다시 꼭꼭 눌러준 다음 화분 바닥을 테이블에 부드럽게 두드려서 공기층을 없애고 흙을 가라앉힌다. 근권 주변의 흙을 손가락으로 눌러서 다진다.
분재	나무젓가락 등을 이용하여 마사토가 근권 부위에 골고루 들어가도록 하면서 화분의 위에서 1cm 정도를 남기고 모두 채운다.

❾ 흙 고르기

난	상층부 난석을 고루 편다.

관엽식물	흙 높이를 보고 화분턱에서 표면이 1.5~2cm 아래에 위치하도록 하고, 부족하면 보충하고 남으면 긁어낸다.
분재	마사토 높이는 화분턱에서 표면이 약 1cm 아래에 위치하도록 하고 표면에 마사토를 골고루 펴 놓는다.

⑩ 물주기

난	화분과 배양토를 미리 물에 담가둔 것을 사용하므로 분갈이를 한 후 2~3일 동안 그늘에 두었다가 물을 주되 혹시 흙탕물이 있으면 충분히 빠지도록 물을 준다.
관엽식물	배수 구멍으로 물이 흘러나올 때까지 물을 충분히 준다.
분재	분갈이가 끝나면 마사토에 흙물이 나올 때까지 식물체에 물을 충분히 준다.

⑪ 정리하기

난	죽은 잎을 정리해 두고 그늘에 약 1주일 정도 늘어둔다.
관엽식물	죽은 잎이나 부러진 가지, 늙은 꽃송이 등을 제거하고 다듬는다. 식물을 전정으로 갱신할 필요성이 있으면 식물이 자리를 잡을 때까지 1~2주 기다렸다가 한다.
분재	분갈이 시에 묻었던 분재분의 흙을 깨끗이 씻어준다.

⑫ 관리

난	뿌리의 활착을 위해 1주일 정도 그늘에서 순화시킨다. 비료는 뿌리가 활착한 뒤에 주어야 한다.
관엽식물	식물이 자리를 잡도록 1주일 정도는 직사광선을 피해준다. 비료를 주지 않은 경우에도 2~3주 동안은 비료를 주지 않는다.
분재	분갈이 후 식물은 직사광선을 피하고, 약 1달 후부터 우박분 등 고형 비료를 마사 위에 올려놓는데 화분 크기에 따라 3~4개 정도씩 올려놓는다.

플라워 액티비티

2007년 3월 10일 인쇄
2007년 3월 15일 발행

저자 : 김형득 · 황영숙 · 이혜진
펴낸이 : 이정일

펴낸곳 : 도서출판 **일진사**
140-896 서울시 용산구 효창동 5-104
대표전화 : 704-4233, 팩스 : 715-3536
등록번호 : 제3-40호 (1979. 4. 2)

값 18,000원

http://www.iljinsa.com
ISBN : 978-89-429-0959-9